中小学智能教育创新及实践

贾汇亮　总主编

做有智慧的教育

一所乡村小学智慧教育的思与行

潘文清◎著

暨南大学出版社
JINAN UNIVERSITY PRESS

中国·广州

图书在版编目（CIP）数据

做有智慧的教育 ： 一所乡村小学智慧教育的思与行 / 潘文清著. -- 广州 ： 暨南大学出版社，2024. 12.
（中小学智能教育创新及实践 / 贾汇亮总主编）.
ISBN 978-7-5668-3956-5

Ⅰ. G622.0

中国国家版本馆 CIP 数据核字第 2024GS1209 号

做有智慧的教育——一所乡村小学智慧教育的思与行
ZUO YOU ZHIHUI DE JIAOYU——YI SUO XIANGCUN XIAOXUE ZHIHUI JIAOYU DE SI YU XING
著　者：潘文清

出 版 人：阳　翼
统　　筹：黄　球　潘江曼
责任编辑：黄　球　曾　茜
责任校对：孙劭贤
责任印制：周一丹　郑玉婷

出版发行：暨南大学出版社（511434）
电　　话：总编室（8620）31105261
　　　　　营销部（8620）37331682　37331689
传　　真：（8620）31105289（办公室）　　37331684（营销部）
网　　址：http：//www.jnupress.com
排　　版：广州市新晨文化发展有限公司
印　　刷：广州市友盛彩印有限公司
开　　本：787mm×1092mm　1/16
印　　张：14. 375
字　　数：260 千
版　　次：2024 年 12 月第 1 版
印　　次：2024 年 12 月第 1 次
定　　价：59. 80 元

总　序

在人工智能和教育数字化转型快速发展的当下，中小学教育正经历着前所未有的变革，人工智能和数字化技术如同催化剂，推动着中小学教育不断创新与实践。在这个背景下，广东省在中小学教师信息技术应用能力提升工程2.0项目实施周期，开展了广东省中小学"百千万人才培养工程"智能教育名校长培养项目，目标是培养一批在智能教育创新与实践方面能够发挥示范引领作用的中小学名校长。三年培养周期内，参训校长们结合智能技术的发展趋势和学校实践改革的需要，鼎力合作开展了深入的智慧教育创新实践，"中小学智能教育创新及实践"丛书应运而生，它不仅是时代发展的必然产物，更是20位中小学智能教育名校长智慧与心血的结晶。

这套丛书聚焦中小学教育的多个关键领域，以智能创新为核心线索，深入探索教育的新路径、新模式。《做有智慧的教育——一所乡村小学智慧教育的思与行》展现了乡村小学在资源有限的情况下，积极探索智慧教育的艰辛历程与宝贵经验，为乡村学校智能教育的发展提供了借鉴和信心；《信息技术环境下"六智融合"校本育人模式的研究与实践》深入剖析了信息技术与校本育人的融合之道，提出了具有创新性和可操作性的校本育人模式；《行走在智慧教育的路上》记录了教育工作者在智慧教育探索中的点滴感悟与成长，为同行们提供了精神上的支持与鼓励、实践上的思路和策略；《写作可以这样教——技术赋能的写作学程设计》聚焦于写作教学这一重要领域，借助智能技术，为写作教学提供了全新的思路和方法，激发学生的写作兴趣和潜能；《智能教育创新的探索与实践研究——以惠州市第十一小学为例》关注智能时代教师研修活动的开展、学生数字素养课程的实施，以及家校社协同育人平台的建立，探讨如何根据学校的实际情况进行教育创新；《学校数字化转型的"怡然"探索》以学校数字化建设案例为依托，结合"怡然教育"的办学特色，展示了学校在数字化转型过程中的实践经验和成果，为其他学校提供了有益的参考;《"四环一体"跨学科主题学习模式的构建》则着眼于跨学科主题学习这一前沿领域,在智能环境支撑下,构建了"四环一体"这种独具特色和创新性的综合学习模式,培养学生的综合素养和创新能力。

这套丛书的作者均为中小学教育一线的校长,他们既有丰富的学校管理经验和教育教学经验,又有积极接纳智能技术的创造力和活力。他们将自己的实践经验与智能技术相结合,形成了一系列具有创新性、实用性和可操作性的研究成果。这些成果不仅是对中小学智能教育创新与实践的有益探索,也是对教育改革与发展的积极贡献。我们相信,这套丛书的出版,将为广大中小学教育工作者提供一个学习、交流和借鉴的平台,激励更多的教育工作者投身于智能教育创新与实践的探索中,共同推动中小学教育的改革与发展。同时,我们希望这套丛书能够为教育研究者提供丰富的研究素材,为教育政策制定者提供有益的参考,为社会各界了解中小学教育的发展提供一个窗口。

本套丛书得以顺利出版,首先感谢广东省中小学"百千万人才培养工程"智能教育名校长培养项目的学术班主任钟丽霞博士的学术引领和统筹推进;其次感谢在智能教育实践中不吝分享自己实践智慧的各位校长;最后感谢暨南大学出版社的编辑们的辛苦付出。

教育是一项伟大而光荣的事业,智能创新是推动教育事业发展的重要动力。当前,人工智能正在快速发展,我国教师数字化转型方兴未艾,让我们携手共进,在智能教育创新与实践的道路上不断探索,为培养更多具有创新精神和实践能力的新时代人才而努力奋斗!

广东第二师范学院

贾汇亮

2024 年 12 月

序

自兼任广东省中小学教师信息技术应用能力提升工程办公室主任以来，我遇到的最大挑战是当我不遗余力地推动信息技术与教育教学深度融合，引领学校通过信息技术赋能改造学校的时候，很多乡村学校校长都会反问我一个问题："乡村学校没有经费、没有智慧教学平台、没有数字化教学与学习资源、没有信息技术的专业教师，怎么开展智慧教育实践呢？"为了充分回答这个问题，很长一段时间以来，我一直在挖掘乡村学校信息技术应用的典型案例，试图找到乡村学校推动信息技术应用、开展智慧教育实践的钥匙。广州市番禺区市桥沙墟一小学潘文清校长的著作《做有智慧的教育——一所乡村小学智慧教育的思与行》为我提供了破解乡村学校智慧教育实践困境的关键钥匙，也让我开始对乡村学校智慧教育实践充满期待！认真研读潘校长开展的智慧教育实践成果，可以发现乡村学校开展智慧实践的四把关键钥匙。

乡村学校智慧教育实践的第一把关键钥匙是校长的坚定推进。初识潘文清校长，感觉她是一位温暖有爱、文静雅致的校长。研读潘校长推进学校智慧教育实践的进程，让我进一步认识到潘校长温暖而有力量、文静而有魄力的特质。面对经费不充足、学校信息技术设备不先进、教师智能教育素养不高的困境，她坚定地把智慧教育实践作为乡村学校发展的突破口，亲自部署推动、亲自实践体验，紧紧抓住智慧教育这个突破口，温暖而有力量地去实践，文静而有魄力地去突破一个个障碍，最终带领沙墟一小学绽放出智慧教育绚丽的光彩！

乡村学校智慧教育实践的第二把关键钥匙是教师的智能素养。沙墟一小学作为一所乡村小学，确切地说是一所城中村小学，优秀师资很容易就近流入周边城区学校，因此师资力量是相对薄弱的。在这种情况下开展智慧教育实践，必须尽快提升教师智能教育素养。潘校长根据学校实际情况，提出了"四提升二推进一形成"的教师智能教育素养目标，创新地采取了"多元混合式"教师智能教育素养提升实践路径，并在开展广东省中小学教师信息技术应用能力提升工程2.0试点的过程中，快速提升了全校教师的智能教育素养，为开展智慧教育实践奠定了基础。潘校长也以身作则、带头示范，成功申报了广东省"百千万人才培养工程"智能教育名校长培养项目，通过自己的学习提升，更好地引领教师的成长。

乡村学校智慧教育实践的第三把关键钥匙是创新课堂教学。沙墟一小学的智慧教育实践没有停留在规划文本中，也没有仅仅呈现于 PPT 课件里，而是切切实实地落实在课堂教学上、体现在育人效果上。潘校长带领全体教师在长期探索和实验的基础上，建构了"多技术融合的'三导三学'精准教学模式"，这种课堂教学新样态把沙墟一小学的课堂从传统讲授型课堂转变为指向核心素养的深度课堂，从封闭、沉闷的课堂转向开放、有活力的课堂。这种课堂整体提升了学校教育教学质量，取得了提质减负的实效，实现了小规模学校的创生发展，为乡村学校智慧教育实践做出了示范引领。

乡村学校智慧教育实践的第四把关键钥匙是"整校推进"机制。"整校推进"是广东省中小学教师信息技术应用能力提升工程 2.0 提出的智慧教育推进模式，其具体含义是中小学校在推进智慧教育实践时要基于校情设计适合自己的智慧教育路径，然后做好信息化教育教学规划和教师智能素养培养计划，逐步推进，不断优化，推动学校智慧教育实践做出特色和实效。沙墟一小学从 2014 年参加电子书包教学实验起，逐步从单一技术赋能课堂走向智慧教学，从智慧教学走向"整校推进"智慧校园建设，在智慧教育高速路上快速前行，取得了丰硕的成果，形成了"沙 e"智慧教育新样态。"沙 e"教育打造了立体育人的智慧场景，不断为学校的喜悦教育增辉添彩，成为享誉区域的教育品牌。

一路辛勤探索，一路成果芬芳。沙墟一小学在智慧教育的追寻和探索中收获了众多的荣誉，凸显了在智能科技时代，智慧教育对一所乡村学校发展的巨大推动力和创新力。潘文清校长的著作系统呈现了沙墟一小学智慧教育实践的点点滴滴，全面总结了沙墟一小学智慧教育创新的丰富成果，可为广大中小学校特别是乡村学校开展智慧教育实践提供借鉴和引导。

当然，沙墟一小学也必须认识到智慧教育绝不是轻轻松松、敲锣打鼓就能实现的。智慧教育实践在找到关键钥匙的同时，也要有坚定的信念和不懈的努力。当突破一个个障碍，取得智慧教育的成果时，沙墟一小学就能体会到"让喜悦在教育中发生"的魅力。

祝愿沙墟一小学的智慧教育实践越来越好！"让喜悦在智慧教育中发生"！

广东第二师范学院

贾汇亮

2024 年 5 月于广州

自　序　做有智慧的教育

九年前，我来到广州市番禺区市桥沙墟一小学，这是一所不起眼的城乡接合部小规模乡村小学，20多年的风雨侵蚀让她斑驳不堪，16个简陋的教室里，容纳了来自八方的学子：15%是村民子女，20%是楼盘业主子女，65%是外来务工人员子女。扎根于此的教师群体，也因为流动性差、平均年龄偏高而失去了活力。作为歌词里那个"长大后我就成了你"的教师，我热爱教育并用行动坚守着这份初心与使命。回顾我的教育足迹，虽然算不上轰轰烈烈，却很有意义：在城区百年老校先锋小学历练八年，在城乡均衡发展的大浪潮中二十年如一日，坚守市桥农村教育。

尝试：多获由力耘

在对沙墟一小学的优势、劣势、机遇、挑战进行分析后，我看到了一束光，那就是学校刚刚申报成功的电子书包实验。本着信息化是实现教育均衡发展的不二选择，没有教育的信息化就没有教育现代化的认识，沙墟一小学对电子书包实验进行全新定位：把它作为创建学校特色，促进教师专业发展的重要抓手，通过教师的发展推动学生的成长。于是，作为实验教师和实验管理者，我亲自"下水"，带领团队开展电子书包实验，做了以下工作：

一是开展校本培训。开创"校本研训1＋1"模式，即一位专家加一位教师，每月围绕一个主题，邀请一位专家和一位骨干教师一起培训，推动教师不断学习与成长。

二是规范研究行为。将电子书包实验融入番禺区"研学后教"的课改理念，应用于学校"三导三学"研学模式中，以主题推进校本行动研究。每学期开展"五个一"活动：一次主题研讨、一节课例展示、一次总结汇报、一个研究成果、一次评选表彰，使研究系统推进，深入开展。探索出高效的电子书包环境下小学"三导三学"研学模式，研究成果在2016年北京大学承办的混合学习国际会议暨教育技术国际研讨会上宣读并发表。

三是开展课题研究。为了让研究走实走深，围绕信息化与教育教学的深度融合，我和团队成功立项20多个课题。在课题引领下，沙墟一小学的研究初显成效。与香港城市大学郭琳科教授的大数据分析研究团队合作，开展了教师教学行为和学生学习行为的数据研究与分析，研究成果在香港城市大学承办的第八届混合学习国际会议暨教育技术国际研讨会上进行交流汇报。2019年我申报的"以电子书包实验提升农村小学内涵发展的实践研究"成果获番禺区教学研究重点成果立项。

四是举办交流展示。从2015年沙墟一小学承办番禺区小学第一场电子书包实验成果交流展示活动起，至今已举办区级以上交流展示活动20多场，接待了来自北京、江苏、浙江、青海、新疆、香港等地的教育考察团，还承办了两场教育厅主办的智慧教学现场展示活动：2017年5月24日"互联网＋教研"新、粤跨区域教育信息化应用交流研讨活动，2017年11月10日广东省教育厅互联网＋优课教研展示活动。多个学科的骨干教师受到浙江、西藏、甘肃、新疆等地的邀请，开展送教交流活动。把"互联网＋教育"的理念向区域外辐射，推动学科教学向前发展。

思变：一夜春风来

教育"智"变，实现从智慧课堂到智慧校园的实验提升。在"互联网＋"时代，仅仅依靠电子书包进行课堂改革，是跟不上时代步伐和学校发展需要的。沙墟一小学思量着如何把信息技术应用到教学、教研、管理与服务各个环节中。因此，2019学年沙墟一小学成功申报了广州市第二批"智慧校园实验校"，开启从"智慧课堂实验"到"智慧校园实验"的创建之路。一是建立架构，落实顶层设计；二是确立"两个平台、两条路径、四个行动"的整校推进实施路径；三是落实"四提升二推进一形成"的"沙e"智慧校园实践目标；四是落实"沙e"智慧环境优化等行动。

教师"智"变，实现从智慧应用到智慧之师的专业成长。多年的智慧教学研究和2020年开启的线上教学，使我深刻体会到：唯有全体教师信息素养全面提升才能推动教育信息化走实走深。沙墟一小学积极申报并成功获批广东省中小学教师信息技术应用能力提升工程2.0试点校。在省项目组的精心组织下，沙墟一小学根据校情制定校本行动规划，整校推进，线上学、线下做，扎实开展应用驱动的"沙e"智慧之师提升行动，标志着学校进入教育

信息化2.0时代。

一是开展四力研训，包括校长信息化领导力、管理团队信息化指导力、科组信息化研究力、教师信息化运用力研训。二是实施五领提升，包括学校统领、专家引领、骨干带领、双师互领、教师认领，全面提升教师智能教育素养。依托省、市教师信息技术应用能力提升工程2.0办公室、省"百千万人才培养工程"智能教育名校长培养工程项目组等专家团队，全面提升团队带头人、管理者的信息化领导力、指导力以及全体教师的运用力。通过四力研训和五领提升，实现专家理论引领与校本实践创新最大效能，全面提升教师智能教育素养，推动信息化与教育教学的深度融合。2021年，经过专家组验收，沙墟一小学成为广东省80所试点校中为数不多的一所示范校。《基于乡村教师信息技术应用能力提升的多元混合式整校推进实践研究》案例获省一等奖。

深耕：咬定青山不放松

随着5G时代的到来、教育新基建的提出以及"双减"政策落地，"十四五"期间，市桥沙墟一小学的智慧教育将何去何从？我们的回答是咬定青山不放松！继续立足课堂，并将打通课堂，开展基于整校推进的智慧教育融合创新2.0行动。

落实"双减"，实现"沙e"智慧课堂迭代升级。2021年，为更好地落实"双减"，沙墟一小学升级了电子书包平台，学生100%配备智慧卡，立足课堂，开展新一轮的课堂改革实验，成功立项广东省中小学"百千万人才培养工程"专项课题——《基于双减背景下"三导三学"精准教学模式校本行动研究》，让"三导三学"智慧教学从1.0向"多技术融合的'三导三学'精准教学模式2.0"迈进，实现"沙e"智慧课堂改革迭代升级。以数据驱动教学，实时、全面掌握学生的学习情况，实现教学从经验型向精准型转变。

破除"五唯"，打造开放而有活力的大课堂。沙墟一小学认真落实新课标理念，打通课堂，践行五育融合，探索基于大概念、大主题，综合性、实践性的项目式学习。利用广州电视课堂、国家智慧教育平台，构建双线联动的双师课堂模式，破解专任教师、复合型教师不足的难题，打造开放而有活力的大课堂。借助"班级优化大师"软件，改进结果评价，开启伴随式过程性评价，探索增值评价，形成五育融合的综合评价体系，全面实施素质教育，全面落实立德树人根本任务。

多年的坚守与深耕，实现了学校的跨越式内涵发展：成为广东省智慧教育应用标杆校，成为享誉省、市的智慧校园。学校荣获 60 余项集体荣誉，师生获区级以上奖两千余项，实现办学质量飞跃提升。《数智赋能下乡村小学"三导三学"精准教学模式的建构与实践》获 2024 年度教育部智慧教育优秀案例，并被教育部教师工作司《中国教师培训发展报告（2023）》收录。同时，我们还积极向区域内外辐射推广经验。以广东省共同体项目、同行跟岗、团队送教送培等形式，辐射新疆、西藏、贵州、北京、浙江、香港、江西及粤东、粤西、粤北等地区 20 余省地市，受益师生 3 万余人。获《中国教育报》、人民网、中国教育新闻网、广东教育头条等媒体近 50 次专题报道，影响深远，为乡村教育数智化转型树立了典范。

"寻常一样窗前月，才有梅花便不同。"教育进入了数智时代，改变了教和学的方式，改变了教和学的时空，改变了教和学的维度，也改变了教育治理的思路，教育应更智慧。

提灯引路，筑梦成光！面向未来办教育，培养未来接班人。为党育人，为国育才。我，一直在路上！

广州市番禺区市桥沙墟一小学

潘文清

2024 年 6 月于花城

目 录
CONTENTS

智慧教育之思：信息技术为课堂赋能

21世纪是"互联网＋"的时代，"互联网＋教育"一改"以教师为中心"的传统授课模式，不再只注重教材内容，而是将关注点转移到学生能力和综合素养的培养上来，进而为学生提供全面、个性化、灵活、多样的学习体验，其教学可延伸至课程结束后的持续性学习中，以此来满足学生对知识的个性化需求。因此，这一个性化、数据化、智慧化的教学方式改变了传统教育课堂单一的授课方式，教学手段更加灵活、多样和便捷，有利于增强学生对教学内容的理解和吸收，增加学生的知识获取量，提高教学效果。那么，面对智慧教育这一宏观课题，教师如何教才更有效，学生如何学才更乐学，公平而有质量的教育将如何得以实现，诸如此类相关问题将成为教育教学研究与思考的重点。

面对新时代对智慧教育的呼唤，广州市番禺区市桥沙墟一小学（以下简称"沙墟一小学"）全体教师勇于摆脱传统课堂的束缚，应时而动，顺势而为，更新教育教学理念，转变教育教学模式，无论是多元化、个性化的教育活动，还是德育工作、课程教学、体艺教育方面形成的独特风格；无论是电子书包，还是应用多技术融合的"三导三学"精准教学校本研学模式等，均为智慧教育做好理论与实践的铺垫，为智慧教育的整校推进、融合创新、精准教学积累了丰富的经验。正是这样，沙墟一小学人积极迎接应对人工智能和大数据支撑下的课堂教学变革，用实际行动谱写了一首首信息技术支持下课堂教学改革的智慧教育实践之歌。

智慧教育核心概念

什么是智慧教育？智慧教育时代下，沙墟一小学将面临哪些挑战与机遇？本部分内容将在答疑解惑的同时，有效还原沙墟一小学在智慧教育与"沙 e"教育下的校本实践成果，希望起到抛砖引玉的作用。

智慧教育

智慧教育是一种最直接的、帮助学生建立完整智慧体系的教育方式，这一教育是引导学生发现智慧、协助学生发展智慧、指导学生应用智慧、培养学生创造智慧的一门综合性教育艺术。智慧教育将对传统的教育思想、观念、模式、内容和方法产生巨大冲击，从而推动教育形式和学习方式的重大变革。信息技术作为智慧教育的一种重要呈现方式，为课堂教学注入了源头活水，赋予了教育全新能量。

一、智慧教育的追溯与解读

钱学森先生于 20 世纪 90 年代提出的"大成智慧"是有关网络交互信息空间的重要理念，这一理念充分表明了信息化对智慧发展的重要作用，这也是我国在信息化环境下对智慧教育的较早追溯。

这里的"智慧"一词指代的是"辨析判断、发明创造的能力"。"智慧教育"旨在通过构建技术融合的学习环境，让教师能够施展高效的教学方法，让学习者能够获得适宜的个性化学习服务和良好的发展体验，进而将不能变为可能，将小能变为大能，为国家培养具有良好的价值取向、较强的行动能力、较好的思维品质、较深的创造潜能的人才。因此，智慧教育是教育现代化的重要标志，以教育信息化带动教育现代化，已成为我国教育事业发展的战略要求。

二、学者眼中的智慧教育

随着物联网、云计算、大数据、泛在网络等新一代信息技术的不断涌现，以及相关信息技术在教育领域的广泛应用，智慧教育被赋予新的内涵和特征。接下来，我们将对学者眼中的智慧教育做一相关认知。

哈佛大学心理学家和教育学家霍华德·加德纳在《智力的结构》中提出了多元智能理论，文中提及智能是"在特定文化背景下或社会中，解决问题或制造产品的能力"。该理论是对已有智力概念的重新定义，挑战了传统的教育理念，也让人们对传统教育的本质进行了深刻反思。

我国学者祝智庭认为，智慧是一种高阶思维能力和复杂问题解决能力，智慧的精神内核是伦理道德和价值认同，智慧强调文化、认知、体验、行为的圆融统整。在此基础上，智慧教育则是信息化教育的新境界，主张借助信息技术的力量，创建具有一定智慧的（如感知、推理、辅助决策）学习时空环境，旨在促进学习者的智慧的全面、协调和可持续发展，通过对学习和生活环境的适应、塑造和选择，最终实现对个人、他人、社会的助益。

我国学者靖国平认为，传统意义上的智慧教育是传授给学生系统的科学知识、形成学生的技能、发展学生的智力以及培养学生能力的教育，是一种狭义的理解，具有一定的局限性。广义的智慧教育是一种更为全面、丰富、多元、综合的智慧教育，它主要包含三个既相互区分又彼此联系的方面：即理性（求知求真）智慧的教育、价值（求善求美）智慧的教育和实践（求实求行）智慧的教育。

纵观以上学者观点，我们不难发现，智慧教育的终极目标是挖掘学生潜在能力，教会学生生存技能，包括学习与创新技能（批判性思考和解决问题的能力、沟通与协作能力、创造与革新能力）、数字素养技能（信息素养、媒体素养、通信技术素养）和职业生活技能（灵活性与适应能力、主动性与自我导向、社交与跨文化交流能力、高效的生产力、责任感、领导力等）。

三、智慧教育背景下沙墟一小学的华丽转身

智慧教育是国家信息化的重要组成部分，对于转变教育思想和观念，深化教育改革，提高教育质量和效率，培养创新人才具有深远意义，是实现教

育跨越式发展的必然选择。智慧教育背景下，沙墟一小学敢于担当、与时俱进，以创新的姿态，在智慧中求索。

在"智慧番禺"大背景下，2013年沙墟一小学申请加入番禺区电子书包实验，成为番禺区第四批电子书包实验学校，并将电子书包融入研学后教的课改理念，有效应用于学校快乐教育"三导三学"研学模式中，形成了学校特色的沙墟一小学 e 课堂。沙墟一小学 e 课堂是多技术融合的、以"三导"——问题（任务）导趣（向）、多元导学、深度导练，"三学"——自主研学、合作展学、拓展悟学为双翼的融乐课堂，是乐研、乐学、乐教、乐动、乐思、乐创智慧课堂。沙墟一小学 e 课堂使课堂真正充满生命与活力，为学校的喜悦教育增辉添彩，使"沙 e"智慧教育成为享誉区域的教育品牌。

四、小结

沙墟一小学全体教师深知，未来的教育一定是基于网络的教育，它将更加注重学生个性化、多样性发展，让所有孩子都能享受到优质教育资源，是强调学习能力的终身教育。要实现这样的教育目标必须深刻认识信息技术对教育的革命性影响，必须对传统工业社会框架下构建起来的教育体系进行深刻变革，构建网络化、智能化、数字化和终身化教育体系，建设人人皆学、处处皆学、时时可学的信息社会，更要建立信息理念，顺应信息时代和新时代的人才培养需求，调整定位，从全局角度谋划信息化问题，把握重点，继续推动教育和信息深度融合，深刻考虑人的核心作用，加强制度保障，以确保智慧教育的道路越走越宽广。

"沙e"教育

　　"沙e"教育是"互联网＋"时代的产物，是沙墟一小学智慧教育管理团队对智慧教育校本化实践的概括性表达，是顺应时代发展、聚焦校本问题的创造性行动。在沙墟一小学的教育教学实践中，它无处不在，无时不在，为教育教学改革注入了无限生机。从电子书包1.0的骨干教师实验研究，到多技术融合的整校推进2.0，再到基于"希沃魔方"数字基座，实施智慧治理的3.0，"沙e"教育每一步都走得很从容、很坚定。它以"强师工程"和"课堂变革"两大工程为支撑，以"四大行动——开展校本研训、规范研究行为、优化课题研究、举办交流展示"为保障，深耕智慧教育，形成教育教学研究与教师成长的闭环，促使学校走出制约自身发展的瓶颈，实现学校的突围创生与内涵高质量发展，成就"广东省智慧教育应用标杆校""广东省深化课程改革实验校""广东省教师信息技术应用能力提升工程2.0示范校"等殊荣。

一、"沙e"教育的概念

　　"沙e"教育是"互联网＋"时代的产物，是沙墟一小学智慧教育管理团队对智慧教育校本化实践的概括性表达。它以翻转课堂为依据，以番禺区研学后教区域改革理念为指导，经历了从骨干教师实施"电子书包背景下翻转课堂的研学后教课堂实验：三导三学模式"研究的电子书包1.0，到基于智慧学习卡、希沃白板、班级优化大师、微能力等全员提升、全员实施的"多技术融合的'三导三学'精准教学模式"整校推进2.0，再到基于"希沃魔方"数字基座，开展智慧教育、智慧治理的3.0的发展过程。它以学生成长为中心，以教师发展为路径，以人工智能为助推，实现"以智助研、以智助教、以智助学、以智助评、以智助育、以智助管"的智慧教育新样态。

二、翻转课堂下的办学理念：让喜悦在教育中发生

"让喜悦在教育中发生"是"沙 e"教育的最终价值追求。喜悦来自内心，沙墟一小学立足于学校办学理念、面向未来，基于《中国学生发展核心素养》，结合核心素养"文化基础、自主发展和社会参与"三个方面中的"人文底蕴、科学精神、学会学习、健康生活、责任担当和实践创新"六大核心素养，对六大核心素养中的十八个要点进行校本化的理解和解读，从而设计出具有学校特色、有利于学生成长的"六悦"课程体系。整个课程体系紧密结合学校对核心素养的校本理解，提炼出"学识、艺术、学力、身心、品格和创新"六个方面，并分别开发多元化课程，将国家课程、校本课程与核心素养进行渗透，构建更为综合、更为立体的课程体系，让学生在学习实践中学会学习、学会生活、学会创新等，在探索世界中获得智慧、体验快乐、积淀愉悦、表达喜悦，用正能量去感染他人，然后构筑起人生价值观。

实践表明，翻转课堂下的办学理念——"让喜悦在教育中发生"已成为"沙 e"教育的成功产物，势必带给教育者更多借鉴与启迪。

三、基于电子书包项目的"沙 e"教育校本化实施

在建设"智慧番禺"的大背景下，为落实素质教育和创新人才培养战略，追求教育高位均衡和内涵发展，2013 年 11 月，沙墟一小学积极参与番禺区教育局电子书包实验项目，成为番禺区第四批电子书包实验学校，这标志着学校的"沙 e"教育校本化实施正式拉开序幕。

历经多年的时间，从 2014 年三个实验班 15 位实验教师在语文、数学、英语、音乐、美术等学科进行电子书包实验，至 2017 年成为番禺区唯一一所三年级至六年级四个年级全员参与的大规模实验，再至 2020 年实现整校推进、常态运用的智慧教育。在实验过程中，学校不断反思与调整策略。

第一阶段，沙墟一小学在对电子书包现状进行分析后，以主题性探索推进研究。2014 学年至 2022 学年研究主题如下：2014 学年开展课型研究，比较成熟的有语文读写课型、英语词汇听说课型、音乐鉴赏课型；2015 学年开展前置性学习与拓展探究性学习专题研究；2016 学年开展新技术环境下的个性化学习方式研究；2017 学年开展微课在教学中的应用研究；2018 学年开展

课堂新形态研究。以学年为单位开展主题研究，做到一年一得，稳步推进电子书包实验。

第二阶段，沙墟一小学将电子书包融入研学后教的课改理念，应用于学校"三导三学"1.0 研学模式中，扎实有序地开展校本研究"五个一"行动，每学期学校都开展电子书包研讨活动，每位实验教师均推出一节精品课例，每月召开一次总结会，每学期撰写一个有质量的研讨成果（包括案例、论文、反思等）。每学期期末对在电子书包实验中表现积极的班级、老师、学生进行表彰。

第三阶段，沙墟一小学在"三导三学"1.0 研学模式的基础上，通过引进智慧学习卡等的数据收集、反馈功能，形成 2.0 模式——多技术融合的"三导三学"精准教学校本研学模式。该模式应用翻转课堂理论，以提升小学生学科素养为目标，基于教学目标、教学对象和教学内容提出研学问题，结合智慧教室在课前、课中、课后三个阶段，分别通过教师推送任务、收集数据、诊断学情、获取调整的问题导趣（向），推送微课、知识内化、练习评测的多元导学，分层作业、分层拓展、答疑辅导的深度导练，引导学生开展"自主研学""合作展学""拓展悟学"。以技术赋能实现精准教学，变革学习方式，开启伴随式评价，促进学生乐学、善学、活学，也促进教师的乐研、乐教、活教！

四、小结

实践表明，将基于翻转课堂的电子书包项目教学运用于教学课程中，可以有效地提高学生的自主探究能力和协作学习能力，而且可以很好地激发学习者的学习积极性和创造性，提高学习者的综合能力，最终实现改善课程教学效果的目的。

总之，"沙 e"教育的有效实践，达成了让学生在活动中学、在做中学、在体验中学，让学生学到带着生命体温的知识，让教师教得开心、学生学得快乐之目的。课程体系的建立与实施，进一步有效践行了"让喜悦在教育中发生"这一理念，将核心素养融入学校课程实践之中，为多层、多元的课程开发创造了良好的条件与氛围，搭建了学校内涵发展的新平台。

智慧教育主要观点

教育进入了互联网时代，改变了教和学的方式，改变了教和学的时空，改变了教和学的维度，也改变了办学管理的思路，正是这样一系列的改变，才让教育更智慧，让教育更丰盈。

让喜悦在教育中发生

"让喜悦在教育中发生"是沙墟一小学的办学理念，近年来，结合"快乐教育资源利用与开发行动研究"等相关课题，充分围绕"让儿童快乐学习（乐学、善学、活学）和快乐发展"这一核心理念，学校有效开展了一系列快乐理念教育。

苏霍姆林斯基说："理想的教育是培养真正的人，让每一个从自己手里培养出来的人都能幸福地度过一生，这就是教育应该追求的恒久性、终极性价值。"根据这一价值追求，沙墟一小学"笑眯眯教育"应运而生，这是一种"幸福的教育"，致力于培养永葆好奇心、乐于拥抱变化的学生，全面提升学生的幸福能力，为迈向幸福人生奠定坚实的基础，让学习更有意思、生活更有意义，促使会玩的学生都能更好地适应未来社会发展的趋势。

"让喜悦在教育中发生"是"笑眯眯教育"的最终价值追求。喜悦来自内心，在"笑眯眯教育"引领下，学校追求让教育成为沙墟一小学每个成员的自觉享受，这一过程中愉悦新颖的学习体验启迪着每一位师生对未来的探究与期待，新鲜的学习生活激发着每位师生的热情、朝气，让每个人的内心都充满喜悦感与满足感。

当喜悦在沙墟一小学的教育中发生时，其生成的教育效果也是令人惊喜的。喜悦的教育不仅有利于师生们身心健康成长，也润物无声地影响着学校师生共同认可的核心价值观、引导着师生的思维方式与愉悦体验、感染着师生的日常行为与情绪。

　　学校以"让喜悦在教育中发生"为办学理念，就是要追求师生以鲜活的体验为基础，在有趣、好玩的校园生活中激发与感受发自内心的愉悦体验，在体验中感受成长的喜悦，在喜悦中奠定幸福人生。

打造开放、有活力的智慧教育课堂

创建特色学校，这是基础教育改革的必然趋势，是现代教育发展规律的必然要求，也给学校提出了一个崭新的课题。近年来，在对基础教育的深入思考、学校教育教学资源以及优劣势等的分析上，沙墟一小学提出了开放、有活力的教育办学理念。那么，如何把课堂打造得更接地气，更能融入学生心中呢？近年来，学校做了如下几个方面的实践探索。

一、设计开放有活力的校园

苏霍姆林斯基曾说过：（教育）应当让学校的每一面墙壁都开口说话。优化育人环境既是一种管理，又是培养人才的重要手段。学校环境是一种隐性课程资源。开发以及利用好学校环境这门潜在课程，陶冶师生情操，使师生心情愉悦，有着润物细无声、潜移默化的教育功效。在进行校园环境设计时，沙墟一小学一方面注重营造校园优美的环境。校园布局合理化，如生活区、教学区、运动区等功能区的布局相对独立，设计合理。校园全方位绿化，校园内百花竞放、芳草萋萋、绿树成荫，俨如公园或花园。沙墟一小学还根据学校办学理念，在走廊展示"教师幸福寄语"和"阳光儿童笑脸墙"；根据办学特色，在操场修建儿童乐园、重修劳动基地百草园、设立七彩涂鸦长廊等，增加校园与学生的互动性，让校园好玩起来，成为孩子健康成长的乐园。另一方面注重构建智慧校园。学校搭建了 1 000M 网络进校园，实现了无线Wi-Fi 全覆盖。以人脸识别考勤、智慧安防，实施智慧班牌、智慧场室、智慧办公平台、智慧研修等，实现校园管理智能化、校园生活一体化、校园设施数字化、家校沟通无缝化，让每位师生都能享受到智慧校园环境的无声熏陶。

二、重构开放有活力的智慧课堂

近年来，沙墟一小学紧跟番禺区课改——研学后教的步伐，构建了有学校特色的多技术融合的"三导三学"精准教学校本研学模式，该模式应用翻转课堂理论，以提升小学生学科素养为目标，基于教学目标、教学对象和教学内容提出研学问题，在智慧教室环境下，课前：推送任务、收集数据、诊断学情、获取调整的问题导趣（向）；课中：推送微课、知识内化、练习评测的多元导学；课后：分层作业、分层拓展、答疑辅导等深度导练。学生在教师的指引下开展"自主研学""合作展学""拓展悟学"，开启伴随式评价，促进学生乐学、善学、活学。让学习随时随处可行，让学习充满惊喜与乐趣，让学习真正走向自主。

三、小结

经过长期的智慧教育实践，学校秉承"让喜悦在教育中发生"的办学理念，设计了开放有活力的校园，以五化融合助力五育并举走实、走深，重构了开放有活力的智慧课堂，以多技术融合的"三导三学"精准教学校本研学模式为契机，对电子书包智慧教学进行了全新探索与实践，重新构建了开放有活力的智慧教育课堂，形成了有学校特色的沙一 e 课堂模式。

在实践中不难发现，教育只有让课程、课堂与生活连接，学生才会有无穷的学习动力，教师传授知识的效果才会更接地气，广大师生通过对这一"有感"的学习过程的践行，实现教学相长，进而将基于生活实践的教育以综合化的形式，成功迈入学科统整发展之路。

丰硕的实践成果再次表明：让教育成为开放有活力的事情，这是广大教育工作者内心的一种诗意追求，需要着眼于学生的未来需要，需要基于教书育人的本心，才能真正构建智慧、开放、有活力的教育新样态。

智慧教育育人模式

基于"双减"政策背景，立足于新的教育改革理念，沙墟一小学作为广东省中小学教师信息技术应用能力提升工程2.0示范校，通过提高教师智能教育素养，以多技术融合的"三导三学"精准教学模式开展精准教学课堂实验行动研究，通过智慧教学实现提质减负，通过项目化学习，让智慧课堂焕发出无穷魅力，对学校的教育教学整体高质量发展具有重要的战略意义和现实意义。

提质减负：多技术融合的"三导三学"精准教学模式

"三导三学"精准教学模式应用翻转课堂理论，以提升小学生学科素养为目标，基于教学目标、教学对象和教学内容提出研学问题（问题导趣），学生在教师的指引下开展"自主研学""合作展学""拓展悟学"，并从沙墟一小学"三导三学"1.0时代单一的电子书包学习转向多技术融合的精准学习，促进学生乐学、善学、活学。

一、概念认知

1. "三导三学"

三导（教师）：

三导的主导者为教师，在课前，教师推送任务、收集数据、诊断学情、获取调整的问题导向，为学生进入课中的学习打下良好基础；在课中，教师通过推送微课、知识内化、练习评测的多元导学方式，精准引导学生吸取知识；在课后，教师通过推送分层作业、分层拓展、答疑辅导等深度导练，帮助学生将所学知识由学会到内化于心，进而牢固掌握各项学习内容。

三学（学生）：

学生是学习的主人公，因此，三学的践行者为学生，在教师的正确引导下，学生通过课前自主研学、课中合作展学、课后拓展悟学的方式，由浅入深，层层推进，让学习成为自觉的行为，让学生实现由学会到会学的成功转变。

2. 精准教学

基于智慧教育环境，教师利用智慧学习工具等多样化技术，开展课前的预习任务推送，课中知识内化后的练习测评，通过智慧平台诊断学情与大数据分析，精准地获取学生的学习状况与习得情况，让数据驱动课堂教学的精准化，实施后教策略，为教学提质增效。

二、"三导三学"1.0 研学模式解读

在电子书包实验以及研学后教区域课改中，沙墟一小学构建了一个较为成熟的基于电子书包环境的小学语文"三导三学"1.0 研学模式（如图 1 所示）。该模式基于教学目标、教学对象和教学内容提出研学问题，结合电子书包的主要功能，在课前、课中、课后三个阶段分别通过教师的"问题导趣""多元导学""深度导练"，引导学生开展"自主研学""合作展学""拓展悟学"，充分发挥双主体作用，提升学生学科素养。

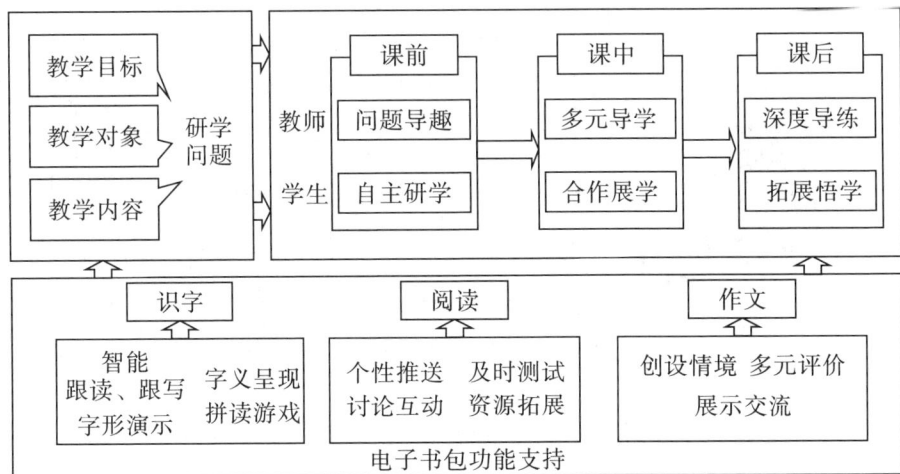

图 1　小学语文"三导三学"1.0 研学模式

三、"三导三学"2.0研学模式解读

2019学年，在"三导三学"1.0研学模式的基础上，沙墟一小学通过引进智慧学习卡等具备数据收集、反馈功能的学习工具，形成了2.0研学模式（如图2所示）。该模式应用翻转课堂理论，以提升小学生学科素养为目标，基于教学目标、教学对象和教学内容提出研学问题，在智慧教室环境下，实现课前推送任务、收集数据、诊断学情、获取调整的问题导趣；课中推送微课、知识内化、练习评测的多元导学；课后分层作业、分层拓展、答疑辅导等深度导练。学生在教师的指引下开展"自主研学""合作展学""拓展悟学"，并从1.0时代单一的电子书包学习转向多技术融合的精准学习。同时开启伴随式评价，促进学生乐学、善学、活学。

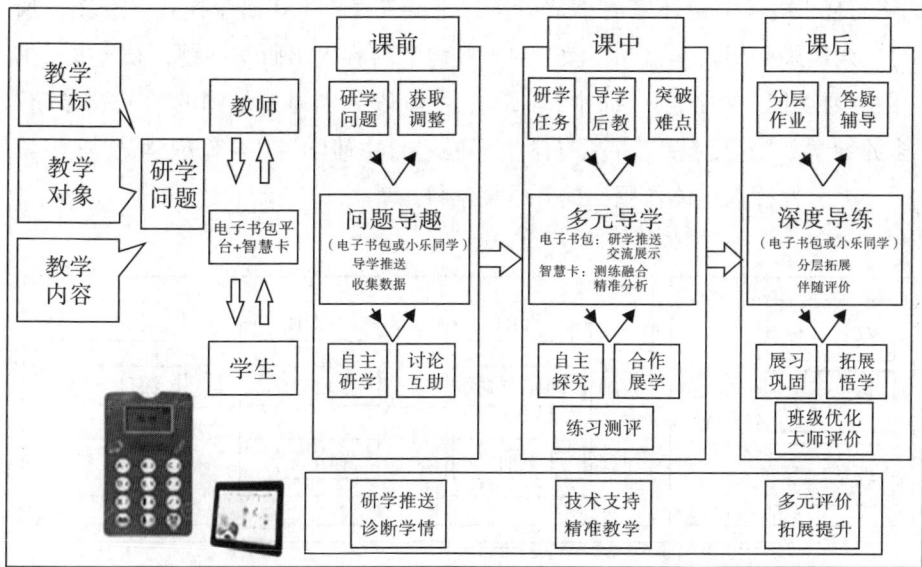

图2　多技术融合的"三导三学"精准教学2.0研学模式

那么，如何让2.0研学模式在全校推行，并常态化开展呢？其操作可分四步走。第一步：骨干先行，打造典型；第二步：全员实践，常态应用；第三步：青年赛课，以赛促研；第四步：课题研究，以研究促深化。通过以点带面，以赛、研促深化的方式由浅入深并水到渠成。

四、小结

学校全面推行的"多技术融合的'三导三学'精准教学模式"，有效推动了教学方式的变革，促进了学校教育教学水平的整体提高和教师信息技术应用能力的提升，创生了智慧教育新样态。尤其是翻转课堂理念，不仅顺应了学生在信息时代的需求，也顺应了"互联网＋"的时代潮流，以促进学生身心的健康成长为旨归，重视激发学生的学习兴趣，通过营造其乐融融的校园氛围，建构鲜活灵动的课堂，努力为每一个学生构筑洋溢着欢声笑语的智能学习环境，让师生生命成长的旅途充满喜悦。

立德树人：打造立体德育协同育人新样态

道德与法治课堂是立德树人的主阵地。然而，受师资、教师观念等诸多因素影响，道德与法治教学没有得到充分重视，课堂效果不够理想。立体德育协同育人模式的出现为小学道德与法治教学改革提供了新思路。近年来，在党建引领下，沙墟一小学以高度的政治自觉，引导全体教师开展基于未来学校的育人新样态探索。

一、道德与法治双师教学模式：立德树人之基

《中国教育现代化 2035》提出：信息化是教育现代化的重要内容，也是推进教育现代化的关键途径；以教育信息化带动教育现代化。作为省、市中小学教师信息技术应用能力提升工程 2.0 示范校，开展基于共享课堂的道德与法治双师教学模式研究，转变教师观念，破解思政专任教师严重不足的问题，提高道德与法治教学水平，全面提升德育实效性，实现立德树人的根本任务，具有很强的现实意义。

"双师教学模式"即采取线上、线下相结合的模式，使教学资源的内容和种类保持必要的结构性和冗余度，把面向学生的教学资源建设和面向教师的继续教育资源建设有机结合起来，网络教学资源的建设要通过整合设计与混合式应用，努力实现教学的有效性。在此基础上，充分利用共享课堂优质资源，有效解决德育的实效性。

1. 解读共享课堂，实现双专业引领

专任教师利用共享课堂的名师名课，组织兼任教师建设教师工作坊，形成学习共同体，以共享课堂的课例进行学科教学培训，通过课标解读、环节解构、过程解法，以点带面，从名师课例中悟透课标，加强教学指导，进行经验交流、研讨等，提高兼任教师对学科课堂的驾驭能力和对学科教学的指导能力，带动兼任教师从"学科小白"到"相对专业"的身份转换。共享课堂的组织架构如图 1 所示：

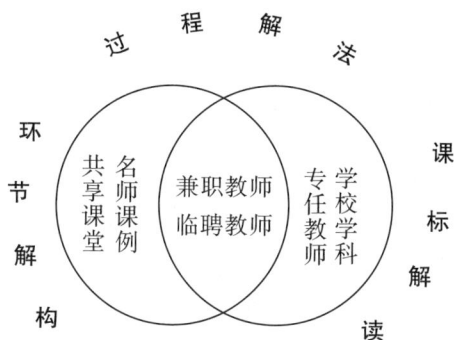

图1　共享课堂的组织架构

2. 用好共享课堂，促进双线成长

双师课堂是"互联网＋"教育的新型模式，可扩大名师效益，最大程度地实现优质教育资源共享，为教育均衡发展、公平发展提供新的思路与方法。

"国家中小学智慧教育平台"是由教育部汇集全国名校、名师打造的精品教育平台。"广州共享课堂"是由广州市教育局、广州市电化教育馆汇集全市名师打造的高品质线上课程资源，满足"双师课堂"等多样化的学习需求探讨。

沙墟一小学利用"国家中小学智慧教育平台""广州共享课堂"构建了多样化的道德与法治双师教学模式（如图2所示），有力地促进道德与法治教学样态的变革，如居家学习、课前开放式学习、课中场景式学习、课后按需自学等，极大地丰富了教和学的形式。

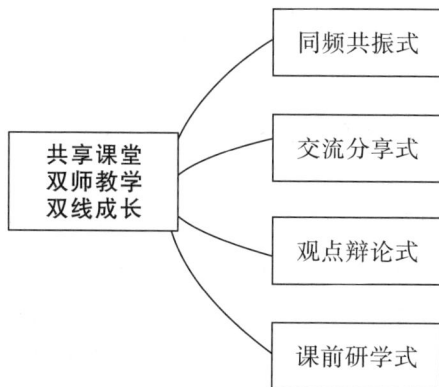

图2　双师教学的四种模式

二、立体德育协同育人新样态：立德树人之本

1. 组织架构立体化

随着物联网、云计算、大数据、泛在网络等新一代信息技术的不断革新及其在教育领域的应用推广，智慧教育这一最直接、可帮助广大师生建立完整智慧体系的教育方式，被赋予新的内涵和特征，旨在引导广大师生发现、发展、应用并创造智慧。在此基础上，沙墟一小学进一步细化，形成了科学合理的"校—家—社"工作管理网络体系，其具体工作内容如图3所示：

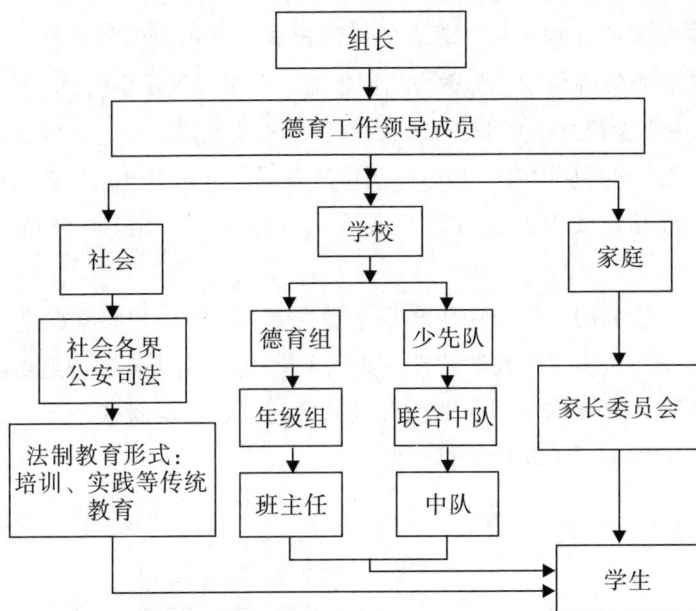

图3 沙墟一小学"校—家—社"工作管理网络示意图

2. 主题活动立体化

沙墟一小学通过开展"三礼四规"教育活动、传统节日体验活动，帮助学生"扣好人生第一粒扣子"，让他们在真实的情境中获取生活体验，用实际行动积极践行社会主义核心价值观，大力弘扬中华优秀传统文化。主要措施如下：

一是立足常规养成教育，开展"三礼四规"教育活动。所谓"三礼"即

入学礼、毕业礼、入队礼，在具有特殊意义的校园生活时间节点，开展隆重的仪式教育活动，向孩子们传递爱自己、爱他人、爱生活的思想。如第一周德育组都会照例组织各班进行常规训练，周五下午进行全校常规验收。让"良好的开端等于成功的一半"成为现实，让良好的班风、校风成为事实。

二是围绕传统节日开展丰富多彩的体验活动。学校倡导在真实的情境中育人之理念，精心组织"沙墟一小学的节日"体验活动。以中华传统节日——春节、元宵节、清明节、端午节、中秋节（国庆节）和重阳节为重点，开展形式多样、喜闻乐见的体验活动。如春节期间，组织学生写春联，展示书法之美，给爱好书法的孩子一个展示风采的舞台；清明节，组织学生文明祭祀，表达哀思，为烈士扫墓，对学生进行爱国、励志教育；端午节，组织端午故事比赛，带领学生一起包粽子，以点带面，让学生从故事中了解端午文化，感悟屈原的爱国情怀；中秋节是团圆的节日，学校组织学生与亲人一起做月饼吃月饼，赏灯会猜灯谜，感受阖家团圆的幸福，让他们更加阳光、自信；重阳节，学校组织学生为老人做一件暖心的事情，让学生懂得爱老、敬老、尊老。以传统节日为契机，开展相应体验活动，既能使学生了解传统节日背后的意蕴和内涵，也能使之对传统文化更多一份亲近感，收效良好。

3. 课程思政立体化

学校坚守为党育人、为国育才的初心使命，积极探索立德树人、培根铸魂的方法路径，牢固树立三全育人思想，践行课程思政理念，着力构建立体思政课堂，围绕"三餐"（"定制餐""营养餐""特色餐"），让课程思政立体化，让爱国教育入脑入心、红色基因入脉入怀，在立体化课堂思政新样态的践行中，主要采取了以下措施：

一是做好"定制餐"——上好"国家思政课"。上好道德与法治课，践行好课程思政育人理念，做好学科渗透，引入、介绍共享课堂双师教学模式。

二是推出"营养餐"——上好"校本思政课"。开发校本课程"小小少年阳光照"，该课程是学生开学自适应课程，分为低、高年段，班主任利用班队活动组织学生开展。①开发"小脚丫大世界"校本课程，引导家长利用节假日到市内有特色或文化底蕴的历史场馆、文化场馆开展研学旅行活动。②开发《岭南中草药》校本教材，实施劳动教育，开展岭南中草药项目式学习。

三是烹调"特色餐"——上好"国旗下的思政课"。开发国旗下成长课程。升旗仪式是学校开展德育教育的途径之一，是学生思想教育的有效手段。

为了展现班级风采，近年来，学校每学期围绕一个主题，精心烹调"特色餐"，由全校各班师生共同开发国旗下课程，让更多的学生直接参与，零距离走上升旗台，走到国旗下，讲述生动的故事、展示多彩才艺，为每个孩子的成长搭建平台，让更多的孩子走到舞台中央。如抓住喜迎建党百年契机，围绕"讲红色故事，传承红色基因"开发红色课程；2021 年践行绿色生态理念，开发"身边的科技与环保"绿色课程；2022 年传承中华传统文化，开发"二十四节气"课程；2023 年推动二十大精神进校园、进头脑，开展"学习二十大 争做喜悦少年"主题学习宣讲课程；2024 年响应教育强国建设，开展"请党放心，强国有我"励志课程。

同时，学校充分挖掘地域、空间优势，开展共建共享，拓宽协同育人渠道。

一是扎实开展"家长两堂课"，如开展家长讲堂，发挥家长的优势为学生授课，进行职业启蒙教育、生活技能传授等。又如开设家长学堂，聘请家庭教育专家，为家长授课，提升家庭育人水平。

二是与社区、区域内特色基地开展共建活动。如拓宽劳动教育及师生思政教育实践途径，与区农科所共建劳动教育基地、与市桥星海公园结对红色教育实践基地，与沙墟一村开展"校史寻根，文化铸魂"行走的思政课等。

三是依托学校智慧校园信息化优势，在智慧校园应用平台、学校公众号等网络空间开展主题项目式学习，开设"线上德育大课堂"及"家校共育"栏目，定期推送育人资源、展示学习成果。积极探索网络思政育人模式，让育人无时无处不在。

三、小结

综上所述，沙墟一小学在引导全体教师开展基于未来学校育人新样态探索中，一方面立足课堂育人主阵地，结合区域研学后教理念，探索多技术融合的"三导三学"精准教学模式，实现教学高质量（因前文已对"三导三学"相关内容作了详细阐说，此处不再赘述）。另一方面，在学校喜悦教育思想指导下，倡导打开门办教育的理念，依托区域文化教育资源，形成立体德育育人模式。

通过对立体德育协同育人新样态的实践，收获颇丰，近年来，沙墟一小学先后被评为全国青少年校园足球特色学校、广东省绿色学校、广东省首批

规范化学校、广东省和广州市中小学教师信息技术应用能力提升工程 2.0 示范校、广州市智慧校园实验学校、广州市人工智能实验学校、广州市实施教育部人工智能助推教师队伍建设实验校、广州市安全文明学校、广州市红领巾示范校、广州市 4A 级小农田实验学校、番禺区德育示范学校、番禺区卫生先进学校、番禺区特色学校、番禺区依法治校达标校、番禺区文明校园、番禺区劳动实验学校等。近年来，师生参加各级比赛共获国家级奖项 158 项、省级 60 项、市级 170 项、区级 505 项、镇级 542 项。

智慧教育实践逻辑

互联网的普及，改变了一个时代，更改变着我们每一个人。教育也如此。教育进入了互联网时代，学校怎么变革？沙墟一小学通过探寻"互联网＋"时代的课堂教学创新发展路径，结合小学各学科特点，找准切入点，从"互联网＋"课堂教学创新下学习方式变革与教学模式创新研究等角度进行研究与实践，有效突破了传统课堂教学的低效益。同时寻求基于新技术下个性化的教与学的最优方案，培养师生的创新思维与能力。

沙墟一小学以"让喜悦在教育中发生"为办学理念，多年来，在智慧教育的路上，始终用坚定的行动收获着这份教育的喜悦。本部分将从缘起、尝试、思变、深耕对智慧教育之路的实践逻辑作一简要梳理。

一、缘起

2014 年，沙墟一小学班子换届后，新班子通过 SWOT 分析法，分析学校发展的优势、劣势、机遇与挑战，发现教师队伍由于平均年龄偏大、流动性不强，教育教学整体水平偏弱，学生 15% 是村民子女，20% 是楼盘业主子女，65% 是外来务工人员子女，生源不均衡。本着信息化是实现教育均衡发展的不二之选，没有教育的信息化就没有教育的现代化的认识，沙墟一小学领导班子对刚刚申报成功的电子书包实验进行全新定位：将其作为创建学校特色、促进教师专业发展的重要抓手，以期通过教师成长推动课堂变革，实现学生成长与学校发展。

二、尝试

为充分保证电子书包实验效果，沙墟一小学主要采取了以下四方面措施：第一，开展校本培训，开创校本研训 1＋1 模式。第二，规范研究行为。将电子书包实验融入番禺区研学后教课改理念，应用于学校"三导三学"精准教学模式中，以主题推进校本行动研究。第三，开展课题研究。为了让研究走深、走实，围绕信息化与教育教学的深度融合，"十三五"至"十四五"期间，沙墟一小学成功立项 17 个课题，其中省级课题 4 个、市级 2 个、区级课题 11 个。第四，举办交流活动，自 2015 年承办番禺区小学第一场电子书包实验成果交流展示活动至今，学校共举办区级以上交流展示活动 20 多场，接待了来自江苏、浙江、北京、香港、青海、新疆等地的教育考察团。高频的对外交流展示活动让教师快速成长起来，有效推动了智慧教育向前发展，助力"智慧番禺"建设。

三、思变

为有效将信息技术应用到教学、教研、管理与服务的各个环节，2019 年，沙墟一小学成功申报了广州市第二批"智慧校园实验校"，开启了从"智慧课堂实验"到"智慧校园实验"的创建之路，就此实现了教育"智"变，从智慧课堂到智慧校园的蝶变。

电子书包实验探索中，沙墟一小学管理者深知：唯有全体教师信息素养的全面提升，才能推动教育信息化走深、走实。基于此，该校积极申报并有幸成为番禺区唯一一所、广州市八所之一的广东省中小学教师信息技术应用能力提升工程 2.0 试点校，就此实现了教师的"智"变，从智慧应用到智慧之师的专业成长，从电子书包到整校推进的迭代升级。

四、深耕

随着 5G 时代的到来、教育新基建的提出以及"双减"政策落地，"十四五"期间，学校的智能教育将继续立足课堂，并有效打通课堂，立足主阵地，向 40 分钟要质量，有效开展了基于整校推进的智能教育融合创新 2.0 行动，主要行动有两个：行动一，落实"双减"，实现"沙 e"智慧课堂改革迭代升级；行动二，立德树人，打造开放而有活力的思政大课堂。

同时，为了深耕课堂，提质减负，学校以研究的姿态，成功申报省级课题《基于双减背景下"三导三学"精准教学模式校本行动研究》和市级课题《智慧课堂下道德与法治教学资源的开发和应用策略研究》，正式开启了进一步深耕之路。

智慧教育之探：从课堂到校园的蝶变

《教育信息化十年发展规划（2011—2020年）》要求"努力为每一名学生和学习者提供个性化学习、终身学习的信息化环境和服务"。为学生构建智能化学习环境，探索以学习者为中心的教学新模式，成为当前基础教育亟待解决的问题。

沙墟一小学将电子书包实验融入番禺区教育局研学后教的课改理念，应用于学校"三导三学"研学模式中，扎实有序地开展校本行动研究，从高效、互动、和谐、快乐的沙一e课堂到基于数据的多技术融合的"三导三学"精准教学模式；实现两个"智变"——教育"智"变，从智慧课堂到智慧校园的提升；教师"智"变，从智慧应用到智慧之师的专业成长，实现智慧教育的内涵可持续发展。沙墟一小学的智慧教育实现从1.0到2.0的华丽转身。一连串的试点校到一连串的示范校的背后，凝聚了全体沙墟一小学师生的踔厉奋发、勇毅前行！

沙墟一小学教育人深知，智慧教育建构不是一蹴而就的，在大数据时代，需要不断顺应科技的发展，让"智慧"惠及儿童，培养智慧儿童。为此，在上级教育部门的大力支持下，学校迅速行动，成立专项领导小组，围绕"面向儿童""发现儿童"和"发展儿童"等快乐学习教育理念，从电子书包的实践研究走向了多技术融合、整校推进的融合创新发展之路，开展多元混合式整校提升培训模式。

这一段智慧实践探索之路，由"勉之期不止"的使命担当，到"多获由力耘"的数度尝试，从"一夜春风来"的豁然思变，再到"积土而为山"的深度耕耘，在回首间，在立足时，在展望中，师生的信息技术素养与信息技术应用能力已扎实提升，学校教育已有智慧结晶。

　　未来，沙墟一小学教育人将紧跟时代的步伐，在"互联网＋教育"的大数据与个性化教育推动下，让信息技术为教学赋能，让数据驱动教学，让数据优化教学，走精准教学之路，让教育更有智慧！

缘起：勉之期不止

宋代欧阳修《送唐生》曰："勉之期不止，多获由力耘。"意思是希望你永不松劲，丰硕的成果是由努力耕耘而获得的。形容勤劳则多获，说明人只有勤奋努力，才能取得巨大的成就。这句经典诗句能很好地概括沙墟一小学智慧教学初期电子书包实验研究的状态。下面，就让沙墟一小学把镜头拉回2014年——

那时的沙墟一小学的办学规模只有教学班16个，学生692人，教职工36人。由于二十多年的风雨侵蚀，曾经远近闻名的广州市花园式学校已失去昔日的光彩，变得有些破旧。教师的平均年龄偏大、学生生源不均衡的现状，让学校进入发展的瓶颈期。

一、定位

2013年11月，沙墟一小学参与番禺区教育局"智慧番禺"电子书包实验项目，成为番禺区第四批电子书包实验学校。2014年，恰逢笔者所在的区域新班子换届，笔者和郭锦辉校长被组织安排到沙墟一小学。在对学校进行全面深入调研，运用SWOT对学校优势、劣势、机遇、挑战进行分析后，我们认为，电子书包实验是教学改革新尝试，参与研究的学校不多，有一定的难度，很多学校处于观望中，如果先行一步，敢于尝试，说不定会有意想不到的收获。作为从番禺区教学新秀、广州市骨干教师成长起来的分管教学科研、学校品牌创建负责人，依托电子书包开展教学研究，开展课堂教学改革，提升教师的教科研能力，笔者有信心，也有想法。于是，学校对电子书包实验做了全新定位，并将其作为学校教育教学工作改革、教师队伍建设、学校品牌创建、学校突围与创生的重要抓手。希望能达到两个目的：第一，把它作为创办学校特色的主要阵地，以提升学校的内涵发展；第二，通过电子书包的实践研究，提升教师业务水平，促进教师专业发展，通过教师成长促进学生成长，最终实现学校发展。

二、盘点

结合实际，我们制定了《沙墟一小学 2014—2019 学校发展五年规划》，对学校做了比较全面的现状分析：

沙墟一小学有教学班 16 个，学生 692 人，教职工 36 人。教师学历达标率100%，其中本科学历 20 人，大专学历 13 人，小学高级教师 29 人。

多年来，学校坚持健康第一的思想，关注学生的个体差异，把时间还给学生，把健康还给学生，把快乐还给学生。学校凭借"以体育人"素质教育模式的探索和篮球、毽球、足球特色项目建设，被番禺区教育局定为"快乐体育试点学校"。"快乐体育"已成为学校鲜明的体育特色，每年 10 月的学校体育节深受学生欢迎。

（一）领导班子情况

1. 优势

班子成员中青年结合，年轻干部好学，易于接受新观念、新思想，发展潜力很大；班子团结，有较强的凝聚力，已经形成了较好的工作作风；班子成员分工明确，责任心强，主管的工作都能较好地完成。

2. 劣势

班子成员大多缺乏管理经验，教育理论水平和业务指导能力还处于一般层次；干部的视野还不够开阔，在工作中有一定的局限性。

（二）师资队伍情况

1. 优势

具有良好的教师职业素养，敬业爱岗，责任心强，工作比较主动；有较大一部分教师一直在这所学校任教，对学校的归属感较强；体、卫、艺专任教师配备较好。

2. 劣势

缺乏冒尖的骨干教师和学科带头人；教科研水平偏低，还没有形成开展教育科学研究的氛围；年龄偏大的教师占比较大，知识结构老化，业务水平和教学能力处于较低层次水平；年轻教师缺乏实践经验，需要锻炼培养。另外，教师们工作与家庭、工作与学习之间的矛盾对教学工作造成一定程度的影响。

（三）学生和家长情况

1. 优势

（1）生源自然增长，为学校发展提供了基础保证和发展的机遇。

（2）家长观念在悄然发生变化，对教育越来越重视。

（3）由于家长来自四面八方，蕴含着许多可供开发的教育资源。

2. 劣势

（1）学生来源成分复杂，层次差异较大，对学校管理和教师的教育教学水平要求高。

（2）由于监护人文化水平较低，家庭教育指导的能力和效果无从谈起。

（3）家长对学校教育的要求差异较大。

（四）办学条件情况

1. 优势

布局合理，区域分明，设施较为完善。校园建筑面积 9 030 平方米，包括教学楼、办公楼、综合实验楼、体育馆和教师宿舍为主体的建筑群，内设标准教室 21 间、专用室 18 间，有 200 米环形跑道和 100 米直道的田径场、室内外篮球场、排球场、游泳场和占地 1 000 多平方米的快乐体育园地。

2. 劣势

由于学校已建成 20 多年，学校校舍整体较为陈旧，教学设施老旧，已不能满足学校发展的要求。

对学校情况的盘点为全面客观分析学校，制定学校新五年规划奠定了很好的基础。学校正是在大盘点中确立了新的五年发展目标与实施路径，让电子书包实验有了清晰明确的定位。

三、建模

开展电子书包教学研究，首先要把研究的模子搭起来，夯实研究的物质基础。沙墟一小学首先做好实验配套的工作，如全校的网络搭建，教学资源的逐步完善。逐步改建专用场室，配备齐全电教设备，在物质上保障实验的开展。另外，沙墟一小学认为开展实验，参加的班级必须有一定的数量。因此，从 2015 学年开始，学校自筹资金近 30 万元添置了近 200 台电子书包，新

增了 3 个实验班，实验班由原来的 3 个增加到 6 个。经过两年研究，实验初显成效。2018 年，在原番禺区教育局教研室的支持下，学校实现从三年级到六年级全面开展电子书包研究，这样的规模，在当时番禺的小学当属第一，也是唯一。

四、培训

沙墟一小学办学管理者认为，教师的信息素养决定了学校的教学信息化水平。开展电子书包实验之初，学校对教师的信息化培训是强制性的，要求全员过关。培训包括信息化技能及信息化技术与教学融合两方面。

1. 信息化技能培训

信息化技能培训内容主要是常用办公系统、办公平台、信息化教学小程序的使用，依靠学校信息技术水平较高的青年教师给全体教师培训，培训后人人检测过关。短时期内，培训促使教师的信息技术有了大幅度的提高，为实验扫清了技术障碍。

2. 信息化技术与教学融合培训

信息化技术与教学融合水平是开展实验的关键。由于当初电子书包实验是"智慧番禺"的一项重要举措，所以番禺区教育局很重视，每个学期都组织实验校进行通识培训，从区域层面进行指导引领。学校抓住这个机遇，在信息化技术与教学融合培训上主要采取了以下几项措施：

一是认真组织全体实验教师参加原番禺区教育局教研室举办的专项培训；二是笔者作为电子书包实验负责人，参加区教育局组织的赴新加坡智慧教育管理人员的高规格培训，不仅开阔了视野，增长了见闻，也加速了学校开展实验的步伐；三是定期聘请信息化教育专家对教师进行培训，如华南师范大学的谢幼如教授、香港城市大学的郭琳科教授都曾到校指导，对教师进行思想、理念层面的系统培训；四是进行校本研训，请学校信息技术水平较高的青年教师对全体教师进行信息化教学小程序等的培训。实验初期，学校陆续开展了希沃授课助手、剪辑师等软件在教学中的应用培训以及教师的教材文本解读能力、课堂组织调控、评价力等的培训。通过多途径、多角度开展培训，大大提高了教师在互联网下的教学科研能力。

五、成效：反思与建构

进入信息化时代，人的生活和学习的方式的改变是明显的，青少年对于网络的兴趣十分浓厚，而电子书包能提供多元化数字资源，激发学生学习的兴趣，让学习随时随处可行，实现个性化学习。同时，电子书包实验也引发教学方式的变革，从以教定学变为以学定教，实现教学的高质低负，进而落实素质教育和创新人才培养战略，追求教育高位均衡和内涵发展。这也是写入学校五年规划的目标之一。

在让学生快乐学习、快乐发展的基础上，沙墟一小学积极响应番禺区研学后教区域课改，构建基于"研学后教"理念下的"三导三学"课堂研学模式，并于2013年11月参与番禺区教育局"智慧番禺"电子书包实验项目，成为番禺区第四批电子书包实验学校。在实验初期，虽然碰到了很多的困难，如网络不够通畅、可采用的资源不多、参加实验的教师积极性不高等，但随着对电子书包研究的深入与教育的发展趋势，通过引入大数据的管理系统，深入开展电子书包教学研究，有效整合丰富的交互教学资源，通过图片、音频、视频、交互课件，从多维度生动直观地呈现教学内容，将新技术的应用与课堂教学完美结合，实现了教师的轻松备课、高效授课、定向测评，实现了学生的趣味学习、个性化作业，提高了教育信息化产品的应用效率，提升了教育质量，形成了师生间的真正互动和高效学习，为教学、科研、管理、"校—家—社"互动提供智能服务。

尝试：多获由力耘

于人生而言，世界观、人生观、价值观三者辩证统一、相互作用，崇高的真善美为三观的追求目标。于学校而言，价值理念决定了一所学校的办学高度。而所有的追求都将以勤为径，顺径跋涉，才能用脚步丈量所有的实践成果。在智慧教学这条探索、实践之路上，沙墟一小学充分认识到，信息技术应用能力长效推进工作的关键在于教学与信息技术的深度融合，在于课堂的常态化应用。沙墟一小学采取研学并行的方法，通过多种举措抓好多技术融合的建模、用模教学活动，实现课堂用、经常用、普遍用信息化教学新常态。通过智慧教学平台，营造了智能的学习环境，全面稳步开展"智慧课堂"实验，不断总结经验并推广应用，使学生在宽松、自由、和谐的氛围中学习，利用平板电脑、智慧卡等终端设备，课上、课下、师生、生生实时互动，最大程度地提高了教育教学效率，形成了具有鲜明时代特色和学校特色的教学模式。课堂变革让学生从被动学习变为主动学习、喜爱学习，最终实现学生参与面广、思维训练度高、师生融合度深的优质高效课堂，正是这一系统实干举措，再次证明了"多获由力耘"的真谛。

第一部分：具体行动

一、规范研究行为

多年来，沙墟一小学将电子书包融入区教育局提出的研学后教课改理念，应用于学校"三导三学"研学模式中，扎实有序地开展校本行动研究，以主题推进电子书包实验走深走实。开展的主题研究如表1所示：

表1　主题研究内容

时间	主题研究内容
2014 学年	开展基于电子书包的学科课型研究
2015 学年	开展前置性学习与拓展探究性学习专题研究
2016 学年	开展新技术环境下的个性化学习方式研究
2017 学年	开展微课在教学中的应用研究
2018 学年	开展课堂新形态研究
2019 学年	开展"三导三学"研学模式研究

下文对各学年每一个主题研究的内涵、主要理念以及成效做一概述性呈现：

1. 2014 学年主题研究内容概述

2014 学年，学校进行基于电子书包的学科课型研究。比较成熟的有语文读写结合模式、英语词汇听说组合课模式和音乐欣赏课模式。例如，以荣获"部优"语文课例《写写我的小伙伴》为例，此次习作有两项任务，为了既尊重学生的个性化选择，又让全体学生都在短时间内把握习作选项要点、方法，在初步审清题意的基础上，推送教师精心制作的《写人与写事》微课，比较写人与写事的异同，明晰习作方法，让学生自主选择内容与学习伙伴，以问题（任务）为导向开展自主、合作学习，以思维导图的方式引导学生围绕研学问题（任务），借助课前准备的小伙伴名片素材，叙说人物，续编故事，推敲方法，并推选代表展示汇报。从说到写，以评促说，既突出以学生为主体，又凸显教师的引导和点拨作用，关注教学过程的生成，使学习活动引向深入。引导学生从生活体验入手，从说到写，直观地再现了思维流程，开启了心窍，为学生顺利地习作做好了铺垫。

再如，荣获"部优"的英语课例 The Simple Future Tense，通过观看微课《我的女儿和她的朋友》，了解她们的五一温州旅游出行计划并完成任务，以熟悉的生活情景，激发学生用英语表达的兴趣，并利用思维导图的信息，让学生使用自己的语言复述图中情景，培养学生全面梳理信息及完整表达的能力，巩固学生对一般将来时的两种基本结构和一般将来时的时态句式构成的学习。

再如，小学音乐花城版四年级下册《音乐创作游戏》教学设计，通过观看微课《音乐创作小贴士》，选择恰当的音符为节奏创编旋律短句，尝试电子

书包弹奏、哼唱，用微课资源培养学生自主学习能力，把学习的主动权还给学生。

2. 2015 学年主题研究内容概述

2015 学年，开展了前置性学习与拓展探究性学习专题研究，并取得良好效果。例如，"一师一优课、一课一名师"省级优课——《写一个特点鲜明的人》习作指导教学设计中前置性学习（第一课时）设计如下：

（1）回忆并记录：生活中给你留下深刻印象的人是谁（可以是身边熟悉的人，也可以是偶尔见到的陌生人)？他有什么特点？哪件事让你记忆犹新？（上传电子书包）

（2）搜集一些有关人物外貌、语言、神态、动作、心理描写的语段。（上传到电子书包互动讨论区素材库）

再如，《学写发言稿》中前置性学习如下：

学生准备（课前前置性学习）：

（1）你了解发言稿吗？搜集自己感兴趣的发言稿，上传到电子书包平台，与同学们一起交流学习，还可以利用电子书包里的资源包，包括微课、视频等，初步认识发言稿，并在互动讨论区用一两句话谈谈自己对发言稿的了解。

（2）在初识发言稿的过程中，你遇到了什么困惑？可在"辅导答疑"区求助。

而《学写发言稿》中涉及的探究性学习如下：

总结导评，拓展悟学：

（1）总结收获。

轻松愉快的一节课即将结束了，谁愿意跟大家分享一下这节课的收获？（请几名学生谈收获，教师引导学生指向课前梳理的问题）

（2）课后导评。

①继续完成自己的发言稿，再把完整的作品上传到"我心目中的十佳发言稿"栏目中与同学们进行 PK。

②浏览所有的作品，根据发言稿的评价标准，给写得最好的十位同学投

票，从而选出"十佳发言稿"。

3. 2016 学年主题研究内容概述

2016 学年，学校开展了新技术环境下的个性化学习方式研究，例如，《写写我的小伙伴》前置性学习中的个性化学习：

前置性学习（选其一完成）：

（1）观察身边的小伙伴，用拍摄、绘画的方式把小伙伴最具特点的外貌特征或言行举止定格，回忆与小伙伴之间经历的难忘的事情，适当配以文字解说，上传到电子书包互动讨论。

（2）为小伙伴制作名片，聚焦小伙伴外貌、性格、品质、习惯等特点，回忆与小伙伴之间经历的难忘的事情（用小标题的形式记录）。制作好后拍照上传。看谁的制作最有个性、最吸引眼球。

（3）阅读写人的文章，或从网上收集描写人物外貌、动作、语言、神态、心理活动等精彩语段，上传到电子书包，共建人物描写素材库。看谁找的素材最精妙。

（4）电子书包互动讨论小调查：关于人物描写，你觉得有待提高的是哪一（或几）项？（可以单选或多选）

A. 外貌描写　　B. 语言描写　　C. 神态描写　　D. 心理活动描写

以上前置性学习任务，很好地体现了教师根据学生的不同认知（生活）起点，让学生自主选择以满足他们的个性化学习需求。

4. 2017 学年主题研究内容概述

2017 学年，微课在教学中的应用研究也进行得如火如荼。使用微课辅助教学则有利于丰富表象，化抽象为直观，引发学生联想、启发学生思维、强化学生理解效果，完成知识内化。

例如，以微课案例《少年闰土》一课为例，教师通过展示微课预设 PPT，依次分批展示深蓝的天空、一轮金黄的圆月和海边的沙地、西瓜，再展示少年闰土的画面……这样一方面有助于学生记忆，另一方面可以再现情景，更加突出人物的生动性。因此，在语文阅读教学中，引入微课的教学方法，可以让学生在具体情境的推移过程中，掌握阅读技巧，培养阅读兴趣。

经过一年的课题研究，课题组取得了一系列研究成果。课题组成员结合自身经验、研究任务等积极开发微课资源，并及时地把研究成果理论化。课题组还整合小学阅读指导的内容与教师的微课资源，建立了"基于研学后教的小学语文阅读指导微课资源的开发与利用行动研究"成果集。该课题获优秀结题。

与此同时，实验教师还发表了三篇论文，课题主持人潘文清在《师道（教研）》（2016 年第 9 期）发表了《从"微课"视域角度进行语文阅读指导》，在《少男少女》（2018 年第 6 期）发表了《研学后教模式下小学语文阅读教学中微课的运用策略》。课题组成员郭锦辉在《教学研究与管理》（2016年第 8 期）发表了《开发语文微课课堂的策略初探》。开发了基于研学后教的小学语文阅读指导系列微课，其中包含 18 个微课。

5. 2018 学年主题研究内容概述

2018 学年，学校以"高效课堂：互联网背景下农村小学课堂新形态研究"为主题推进电子书包实验。旨在通过对"互联网 ＋"时代的课堂教学创新发展路径，结合小学各学科特点，从"互联网 ＋"课堂教学创新下学习方式变革与教学模式创新研究等角度进行研究，力求突破传统课堂教学的低效益，寻求基于新技术的个性化的教与学的最优方案，培养师生的创新思维与能力。沙塱一小学从各学科的实际需求出发，找准切入点，开展如下子课题的研究，该课题获优秀档次结题。

（1）语文科组——基于新技术下农村小学习作指导与讲评策略研究。

根据学生的年龄特点，培养学生在生活中积累习作素材的习惯。引导学生体验生活、观察生活，培养学生敏锐而独特的观察力，帮助学生探寻习作新空间，教会学生从生活中积累习作的素材。写法指导主要通过读写结合、以读促写来完成。写后评改，力求体现积极的激励性的评价，给学生评价的主动权，作文讲评以正面引导为主，激励为先，善于发现、肯定学生习作中的优点和进步，学生在互评与自悟的过程中获得修改习作的能力。

（2）数学科组——基于创客教育理念下农村小学数学解决问题策略的研究。

在"解决问题"教学策略的研究中，给学生创设更多的动手操作、自由探索的空间与条件，让学生掌握"解决问题"的方法，形成解决问题的学习策略，提高学生"解决问题"的能力，引领学生把数学知识运用到实际生活中去，解决生活中经常遇到的数学问题。探索出小学数学"解决问题"的教学技能和教学方法，形成一套"解决问题"的教学策略，从而提高数学的教学质量。

（3）英语科组——基于翻转课堂理念下农村小学英语词汇教学课型研究。

在翻转课堂理念下，教师在英语课堂中从"知识讲授者"转为"指导者""答疑者"，学生则转变为主动发现问题和解决问题的学习主体，是在学习过程中互相帮助的交流者。有效地提高学生学习能力，大大地增强学生的学习主动性，提高英语词汇教学的效率。

（4）艺术科组——基于电子书包环境下有效提高农村小学音乐课堂的演唱实践能力研究。

通过电子书包在音乐教学中使用的策略研究，探索出更多能够有效提高音乐课堂演唱实践能力的方法，彻底解开农村小学音乐课堂的束缚，拓宽教师教的手段和学生学的途径，使音乐课堂更具学科特色，大大提高学生学习的兴趣，真正实现学校的素质教育。

开展互联网背景下农村小学课堂新形态研究，有效更新教师的教学观念，增强教师们运用新技术开展教学整合的意识，培养师生的创新思维与能力，有效提高课堂教学效益，解决传统课堂教学的低效益问题，大面积提高学生学业水平。

同时，为规范实验研究行为，学校每学期开展"五个一"活动：一次主题研讨、一节课例展示、一次总结汇报、一个研究成果、一次评选表彰，使研究深入开展，系统推进。

6. 2019 学年主题研究内容概述

2019 学年，沙墟一小学深化开展基于轻智慧课堂应用平台下的教学应用研究，在学校"三导三学"研学模式 1.0 的基础上，结合区研学后教升级版理念以及信息化 2.0 的要求开展"三导三学"研学模式 2.0 研究。其间，开展构建了适用于本校教学实际需求的、与新课程实施同步的学科教学资源库，并逐步建立起相应的资源共建共享机制，探索促进师生共同发展的新型教学方式，实现教师信息技术应用能力的全面提升与学校教育教学的高质量发展。

此研究提出"三导三学"研学模式，并结合学科特点，形成有学科特色的变式。该模式以提升小学生综合素质为目标，基于教学目标、教学对象和教学内容提出研学问题，结合智慧教学平台的主要功能作用，在课前、课中、课后三个阶段分别通过教师的"问题导趣（向）""多元导学""深度导练"，引导学

生开展"自主研学""合作展学""拓展悟学"，促进学生乐学、善学、活学。探索出高效的电子书包环境下小学"三导三学"研学模式，研究成果论文在 2016 年北京大学承办的教育技术国际研讨会上宣读并发表。

二、课题引领研究

为使电子书包实验研究走实走深，本着课题研究课堂深化的理念，依托"互联网 + 教育"时代背景，立足课堂，围绕教育教学的重点、难点、热点、痛点等开展课题研究，本阶段学校共成功立项 17 个课题，包括省级课题 4 个、市级课题 2 个、区级课题 11 个，详见附录二之表 2。

近年来，学校以课题为着力点，在研究中充分利用电子书包等信息化手段，进一步推进信息化与教学的深度融合，推进学生的深度学习，全面提升学校教学质量。在进行科研的实证研究过程中，教师的科研能力、学科与信息技术的整合能力均得到极大提高。

三、对外交流展示活动

课堂教学改革关键在教师。为推动教师不断更新教学理念，保持旺盛的研究热情，学校以高频的对外交流展示为抓手，为教师搭台唱戏提供强有力支持。从 2015 年承办番禺区小学第一场电子书包实验成果交流展示活动至今，沙墟一小学已举办区级以上交流展示活动 20 多场，接待了来自北京、江苏、浙江、青海、新疆、香港等地的教育考察团。其中两场为教育厅主办的智慧教学现场展示活动：2017 年 5 月 24 日的"互联网 + 教研"新、粤跨区域教育信息化应用交流研讨活动和 2017 年 11 月 10 日的 2017 年广东省互联网 + 优课教研展示活动。多个学科的骨干教师受浙江、西藏、甘肃、新疆等地的邀请，开展送教交流活动。把"互联网 + 教育"的理念向区域外辐射，推动学科教学向前发展。

（1）2017 年 5 月 24 日，沙墟一小学承办"互联网 + 教研"新、粤跨区域教育信息化应用交流研讨活动。沙墟一小学作为广东省会场开展云端交流研讨，其间，广东省电教馆与番禺区教研室领导到现场指导工作，邓艳红老师在新疆送课，番禺区教研室教研员组织各会场开展学科交流研讨活动，效果良好（见图 1 至图 3）。

图 1　邓艳红老师在新疆给孩子们上音乐课

图 2　邓艳红老师作课后反思

图 3　沙墟一小学现场通过互联网与参会老师进行教研交流

（2）沙墟一小学承办 2017 年广东省互联网＋优课教研展示活动，来自各地的优秀教师进行了精彩的课例展示，课后还开展了学术沙龙活动（见图 4 至图 7）。

图 4　沙墟一小学麦波老师进行语文课例展示

图 5　新疆库尔勒市第十小学刘红兰老师进行《专心致志》语文课例展示

图6　北京市昌平区回龙观第二
小学赵雨思老师进行 *Tiger's Drum Kit*
英语课例展示

图7　广州市番禺区石碁镇前锋
小学进行 *Tiger's Drum Kit* 英语绘本课
例展示

在对本区域小学教学实际及教师队伍建设进行充分论证和分析后，沙墟一小学确定了"走出去、请进来"的工作思路，以期通过探索与实践，初步形成以教研交流活动为载体的教师培养机制和实施办法，构建起名师持续发展和青年骨干教师培养的工作机制。部分教研活动现场见图8至图12。

图8　沙墟一小学潘文清老师参与学
术沙龙活动并作主旨发言（右一）

图9　麦波老师受邀到番禺区市桥
中心小学进行语文课例展示

（3）2016年，麦波老师受邀到番禺区市桥中心小学参加"一师一优课、一课一名师"广东省"互联网＋教研"启动仪式暨现场课例展示活动并作语文课例展示。

（4）2016年，潘文清校长参加由北京大学承办的混合学习国际会议暨教育技术国际研讨会，其论文成果在研讨会中交流并在 *Blended Learning Aligning Theory with Practices*（刊号：LNCS 9757）发表。

图 10　潘文清老师（右一）参加北京大学承办的混合学习国际会议暨教育技术国际研讨会并作论文成果分享

（5）2017 年，陈厚容老师受邀到浙江温州瑞安市参加智慧教学交流研讨活动并作英语课例展示。

图 11　陈厚容老师作英语课例展示

（6）2019 年，邓艳红老师参加广州市教育局举办的第二届"易美课堂"广州—林芝·波密"互联网＋美育"展示交流活动。其间，邓艳红老师在广州市番禺区实验小学分会场上课，并作教学反思。

通过开展诸如此类的教研交流活动，极大推动了教师专业成长。其中，两位教师成为广州市"百千万人才培养工程"名教师培养对象，一位教师成为广州市骨干教师，四位教师成为区电子书包中心组成员，两位教师成为区教研员工作室成员，一位教师成为区特约教研员，四位教师被评为区研学后教先进个人。同时，学校积极把"互联网＋教育"理念向区域内外辐射，推动区域内外教学向前发展，有效推动了"智慧番禺"的建设步伐。

图12　邓艳红老师在广州市番禺区实验小学分会场上课

第二部分：反思与构建

盘点多年的电子书包实验，因为有思考，教学实验研究有条不紊。其内容主要如下：

一、落实教师培训，规范研究行为，扎实推进电子书包实验

在完善校园智慧环境、开展实验建模的基础上，首先开展信息化技能培训与应用培训，全员过关；其次是采取走出去、请进来的方式，到新加坡学习，聘请华南师范大学谢幼如教授、香港城市大学郭琳科教授等高校专家，加强指导；再次是规范研究行为，围绕"三导三学"研学后教模式，每学年

有电子书包实验融合应用主题研究，每学期开展电子书包"五个一"活动：一次主题研讨、一节课例展示、一次总结汇报、一个研究成果、一次评选表彰，使研究系统推进，深入开展。

二、以课题研究深化信息化教育教学研究

围绕"互联网＋教育"，以电子书包实验研究为平台，沙墟一小学成功立项 11 个课题，其中省级 1 个，市级 1 个，区级 9 个。在课题的引领下，电子书包实验研究初显成效，与香港城市大学郭琳科教授的大数据分析研究团队合作，以实验校的方式开展了教师教学行为与学生学习行为的数据分析与研究，成果分别在北京大学、香港城市大学的研讨会交流汇报。

三、借信息化教学交流平台辐射"互联网＋教育"理念

沙墟一小学自 2015 年以来举办了多场电子书包现场会，接待了来自香港、青海、新疆、江苏、江西、浙江、北京、广西等各地的教育考察团。其中影响比较大的教研活动分别是 2017 年 5 月 24 日的"互联网＋教研"新、粤跨区域教育信息化应用交流研讨活动和 2017 年 11 月 10 日的 2017 年广东省互联网＋优课教研展示活动。沙墟一小学的多个学科的骨干教师还受新疆、浙江、甘肃、西藏等多地的邀请，开展送教交流活动，送出的课例有音乐、英语、道德与法治、语文等学科。在各种交流活动中，沙墟一小学逐步把"互联网＋教育"理念向区域外辐射。

四、以信息化教学竞赛活动促进教师专业化成长

信息化教学竞赛活动有效促进了教师专业化成长，并取得了一系列优异成绩。例如，参加教育部"一师一优课、一课一名师"活动、番禺区个性化赛课活动，五十多节课例获优课。其中部级 8 节，省级 10 节，市级 17 节，区级 18 节，是番禺区获奖级别最高、数量最多的学校。电子书包实验研究大幅度推动了教师专业化成长，积极推动了"智慧番禺"建设步伐。

（1）《电子书包环境下的"三导三学"教学模式的研究》《小学生在电子书包上的学习行为如何影响中文成绩》两篇论文分别在 2016 年北京大学、

2017 年香港城市大学承办的混合学习国际会议暨教育技术国际研讨会宣读并发表在国际核心期刊。

（2）组织教师参加"2015 全国新技术支持下的个性化学习高峰研讨和应用成果展示活动"获全国一等奖一项，二等奖一项。

（3）在"2015—2016 年度全国'一师一优课、一课一名师'活动"中，两位老师获教育部优课、全区第二的优异成绩。

（4）在"2016—2017 年度全国'一师一优课、一课一名师'活动"中，三位老师获教育部优课、全区第一的优异成绩。

（5）在"2017—2018 年度全国'一师一优课、一课一名师'活动"中，一位老师获教育部优课。

（6）2017—2018 年，学校连续两年被评为番禺区"一师一优课、一课一名师"优秀组织奖，是番禺区唯一连续两年获此殊荣的小学。

（7）2017 年组织教师参加番禺区个性化赛课，获一等奖 5 节，二等奖 15 节。

（8）2017 年学校被批准为教育部人文社科项目"网络空间提升学习自我效能感的研究"实验学校。

（9）2018 年学校被评为番禺区特色学校。

（10）2018 年，沙墟一小学作为唯一的学校代表，参与广州市教育局大数据工作调研。学校的电子书包实验的大数据研究为广州市智慧教育方案的修订、研究提供参考。

总之，通过以上反思与构建，沙墟一小学电子书包实验成效明显，无论是学校荣誉的取得还是教师优异成绩的取得，无论是课题开展还是参与广州市教育局大数据工作调研等，都极大促进了学校教科研水平的快速提升，积极推进了学校文化发展建设，提升了学校管理水平，使学校走向跨越式发展的快车道，大大提升了学校在社会的品牌美誉度。

思变：一夜春风来

2020年，在疫情期间的大规模线上教学中，学校负责人深刻体会到，唯有走一条提升教师信息素养的道路，才能推动教育信息化研究走实走深。恰在此时，即2020年8月，沙墟一小学成功申报成为区内唯一一所、市内八所之一的广东省中小学教师信息技术应用能力提升工程2.0试点校。这一荣誉，也让沙墟一小学人在2.0提升工程找到了解决方案——以校为本，基于课堂，应用驱动。2.0提升工程基于校情，通过线上学、线下做的方式推动信息技术与教学的深度融合，从而提升教师的信息素养。这标志着学校教育信息化从1.0走向2.0时代。

思变一：教育"智"变，
从智慧课堂到智慧校园的实验提升

在电子书包的智慧课堂初见成效的同时，沙墟一小学也遇到向前发展的瓶颈。因为在"互联网+"时代，在智慧教育的当下，仅仅依靠电子书包进行课堂改革，是跟不上时代步伐、无法满足学校发展需要的。因此，学校管理者思量着如何把信息技术应用到教学、教研、管理与服务的各个环节，让信息技术渗透到无处不在的网络学习中、融合创新的网络科研中、透明高效的校务治理中。经过努力，学校在2019学年成功申报了广州市第二批"智慧校园实验校"，开启了从"智慧课堂实验"到"智慧校园实验"的新征途。

1. 建立架构，落实顶层设计

沙墟一小学在创建智慧校园之初，就成立了以一把手即校长为组长的领导小组和管理小组，成立了信息网络中心，专门负责智慧校园的创建工作，制定了创建"智慧校园"总体目标和实施方案，排出创建日程，重点、难点事项及具体实施措施。

2. 整校推进四步走实施路径

在整校推进期间，一方面，确立了"两个平台，两条路径，多种技术融合"的推进方案：智慧校园平台、知好乐电子书包教学平台；教师信息技术应用能力提升工程与学生信息素养提升工程；另一方面，确立了整校推进四步走实施路径。

第一步：骨干先行，打造典型。

2020 年 9—10 月为研讨月：

杨伟兴老师的数学课例《平行四边形》（见图 1）获广东省中小学教师信息技术应用能力提升工程 2.0 课例比赛二等奖。

图 1　杨伟兴老师进行数学课例《平行四边形》展示

司马成老师的英语课例 *The Sandwich That Jack Made*（见图 2）获广东省中小学教师信息技术应用能力提升工程 2.0 课例比赛二等奖。

图 2　司马成老师进行英语课例 *The Sandwich That Jack Made* 展示

2020 年 12 月，在项目组主办、中山市纪中雅居乐凯茵学校承办的教育论坛成果展示交流会中，司马成老师向省工程办以及 80 所提升工程 2.0 试点校参会领导、老师作了案例分享，受到与会人员的充分肯定。

第二步：全员实践，常态应用。

2020 年 11 月至 2021 年 4 月，借助常态的科组集体备课、家长开放日暨教研汇报课，进行研讨展示，推动"三导三学"研学模式的常态应用。目前，全校累计推出 60 节校本研讨课例（见图 3）。

图 3　家长开放日暨教研汇报课场景

第三步：青年赛课，以赛促研。

2020 学年第二学期，学校开展"技术赋能精准教学，教研促专业成长"的青年教师赛课比赛。

第四步：课题研究，以研促深化。

　　潘文清校长带领课题组成员，成功立项广东省"百千万人才培养工程"办公室课题：《基于双减背景下"三导三学"精准教学模式校本行动研究》。该课题研究内容如下：

　　（1）开展基于教师智能教育素养提升的多元混合式研训。

　　（2）基于课型和学科核心素养，开展智能技术融合的"三导三学"精准教学模式创新。

　　（3）多技术融合的"三导三学"精准教学校本优质课例资源建设与应用。

　　预期达到的目标如下：

　　（1）通过开展基于教师智能教育素养提升的多元混合式研训，大面积提升教师的智能技术与学科教学深度融合水平。

　　（2）通过多技术融合的"三导三学"精准教学模式的用模、脱模研究，实现课堂教学提质减负。

　　（3）形成"双减"背景下课堂提质减负的校本范式，辐射区域内外。

　　本着课题研究课堂深化的理念，学校管理者围绕研究内容，立足课堂教学，为教师搭建交流展示的平台，通过交流促进课题研究走深走实。

　　2021年4月30日，沙墟一小学承办广东省中小学教师信息技术应用能力提升工程办公室主办的提升工程现场会。其间，陈凤玲科组长作经验分享，番禺区教育局二级调研员吴岳冬同志发言，冯添好主任指导家长志愿者如何更好地应用电子书包，何嘉怡老师展示英语课例，贾汇亮院长作"信息技术支持下的课堂教学改革实践"主题讲座，效果良好（见图4至图5）。

图4　潘文清校长作广东省教师信息技术应用能力提升工程2.0试点校阶段成果汇报

图5　贾汇亮教授作主题讲座

3. 落实"三提升两推进一形成"的"沙 e"智慧校园实践目标

"沙 e"智慧校园实践目标主要包括三提升、两推进、一形成，其中，三提升旨在智慧环境优化提升、师生智慧素养提升、智慧治理应用提升；两推进旨在推进"沙 e"智慧校园整体发展，推进"多技术融合的'三导三学'精准教学"的智慧教学革新；一形成旨在形成"两平台两路径整校推进模式"的"沙 e"智慧校园发展新样态（如图 6 所示）。

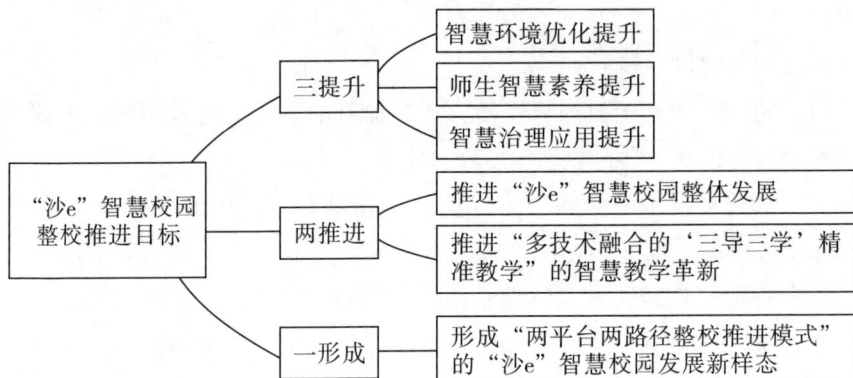

图6 "沙 e"智慧校园整校推进目标

4. 落实"沙 e"智慧环境优化行动

沙墟一小学在经费有限的情况下，加大智慧环境的优化，从 2014 年到 2022 年，先后投入了 400 万元，开发智慧安防、智慧总务、智慧教学平台、智慧场室、电子书包教学设备等。智慧校园设施建设基本完善，为"沙 e"智慧校园建设提供了较为夯实的物质基础。

硬件方面，学校已建成一个千兆终端的校园网，拥有 300 个节点，无线网络基本上做到全覆盖。现有网络中心、18 个教室加 3 个专用室（音乐、美术、电脑室）教学平台（设备包括 PC、视频展示台、大屏幕一体机、音响、电教台、配套黑板等）、学生电脑室、综合电教室。9 个电子书包教学班，应用知好乐教学平台，全校 18 个班学生 100%配齐"智慧教学卡"，教师 100%参与数据驱动的教学实验研究，走人工智能驱动精准教学之路。软件方面，智慧校园平台、知好乐教学平台、班级优化大师平台、水晶智慧排课系统、智慧安防系统、学校网站、微信公众号等均得到充分应用。"沙 e"智慧校园总体框架见图 7。

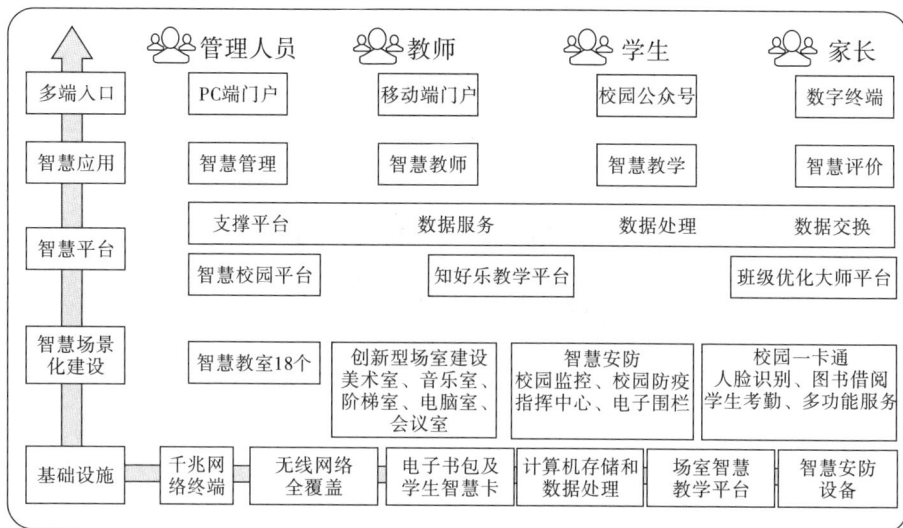

图 7 "沙 e"智慧校园总体框架

5. 借"两平台"提高教育教学及管理工作效率

近年来，沙墟一小学陆续引进了班级优化大师、智慧校园平台。班级优化大师改变了传统教师"一言堂"的主观评价方式，使学校评价、家庭评价、自我评价相结合，落实过程性评价，并通过后台数据的研究分析，形成学生的成长趋势雷达图，开展五育融合的伴随式教育评价。智慧校园平台包括教师和学生两大板块。其中教师板块有通知安排、学校周程、请假考勤、课程表、文件库、值日记录、获奖中心、维修保障等，学生板块有作业登记、考勤登记、学生通知、德育量化及学校校本特色的智慧阅读、劳动教育等，既为师生无纸化、高效办公提供了便利，同时为师生成长画像提供了数据支撑。这些平台的应用大大提高了教师的智慧办公和学校的智慧治理，推进了学校智慧教育的可持续高位发展。"沙 e"智慧校园全覆盖图示见图 8。

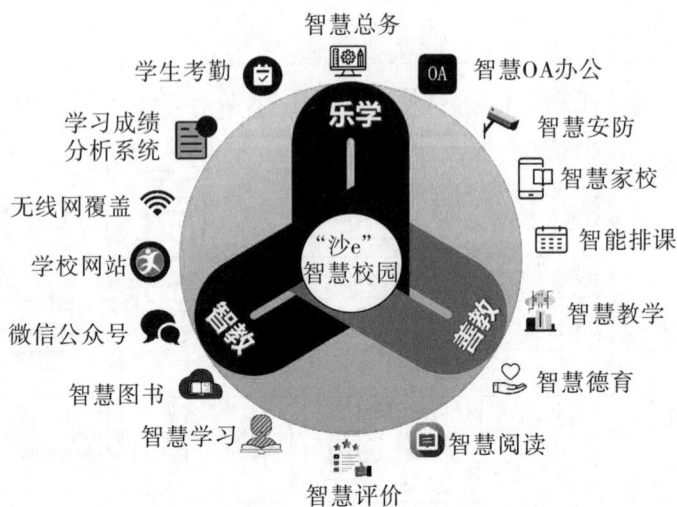

图 8 "沙 e"智慧校园全覆盖图示

提升智慧校园创建品质。2022 年 3 月，沙墟一小学以"把脉智慧校园建设，助力办学品质提升"为主题，开展了智能教育专家进校指导活动。其间，邓艳红、黄宇丹、李丽云、刘涛、丘艳霞、王旋、吴超雄等教师进行授课，与会专家与教师、学生、家长代表深度交流及访谈，在全面深入进行诊断后对学校近年来开展的智慧教学教育研究给予高度评价，同时对学校"十四五"教育信息化规划进行指导。

思变二：教师"智"变，
从智慧应用到智慧之师的专业成长

2019 学年，学校行政班子梳理了学校自身的基础与优势，拟定了《2019—2024 学校五年发展规划》，继续立足校本，做好传承与创新，把抓好课堂主阵地，提升教学质量，实现信息技术与教育教学的融合创新作为发展的新方向。沙墟一小学于 2020 年成功申报了"广东省中小学教师信息技术应用能力提升工程 2.0 试点校"，这是解决该校教师年龄两极分化，将智慧骨干教师打造为智慧之师的迫切需要。学校开展了"线上学，线下做，整校推进，应用驱动"的"沙 e"智慧之师提升行动。

1. 以多元混合式整校推进"沙 e"智慧之师提升行动

多元混合式整校推进实施研究内容主要涵盖以下四点：第一，多元混合式激励评价；第二，多元混合式创新应用；第三，多元混合式引领提升；第四，多元混合式研训（如图 9 所示）。

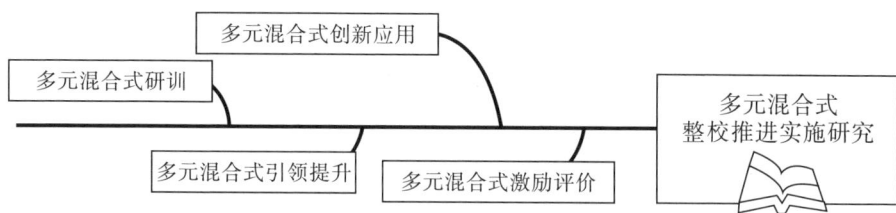

图 9　多元混合式整校推进实施研究内容

2. 开展多元混合式研训提升智慧教师素养

开展多元混合式研训，可有效提升智慧教师素养，其研修内容主要包括以下四点：第一，校长信息化领导力培训；第二，管理团队信息化指导力培训；第三，科组群学群研协同培训；第四，教师信息化运用力培训（如图 10 所示）。

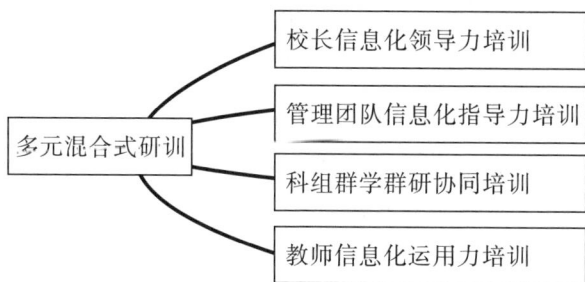

图 10　多元混合式研训内容

（1）校长信息化领导力培训。潘文清校长参加了广东省提升工程培训，成为广东省"强师工程"智能教育领航名校长，2020 年经过申报及区、市、省层层遴选，参加网上评审与现场答辩，成为广东省"百千万人才培养工程"智能教育名校长培养对象，全省仅 20 人。这个项目是广东省教育厅强师工程，是培养新型专家型名师、名校长的重要抓手。

（2）管理团队信息化指导力培训，团队成员先后参加了广东省"强师工程"培训、广州市教育局主办的智慧课堂专项培训、广州市人工智能实验教育培训等。

（3）科组群学群研协同培训，40 次的科组线下主题式研修，打造了 60 节信息技术融合典型课例，以"多技术融合的'三导三学'精准教学"模式为应用驱动，形成线上线下群学群研模式。

（4）教师信息化运用力培训，常态化开展线上学，线上做，应用驱动，校本培训。

3. 实施多元混合式引领提升（如图 11 所示）

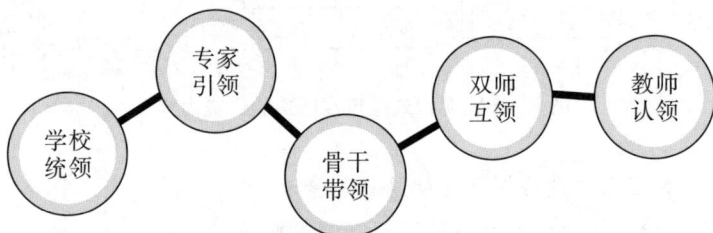

图 11　多元混合式引领提升思路

（1）学校统领。学校在电子书包课堂实验的基础上，确立了"智慧教学平台和班级优化大师两个平台，两条路径，多种技术融合"的整校推进方案，提升师生信息素养。

（2）专家引领。开展专家引领校本研训"1+1"模式，落实整校推进策略，通过每月 1 位专家 +1 位骨干教师一起开展同主题下的培训，先后邀请了教育部师范类专业认证专家、提升工程专家组组长宋冬生教授，华南师范大学信息技术学院胡小勇教授、徐欢云博士，广东第二师范学院网络教育学院贾汇亮教授，广东第二师范学院培训与社会服务处处长龚孝华教授、副处长胡志武教授，番禺区教师发展中心教育技术部主任丘志强、教研员伍健强老师，番禺区教育局原教研员姜涛教授进校开展教师校本培训与讲座，帮助教师不断学习与成长。

（3）骨干带领。每月安排学科信息技术骨干带领开展教学平台与 App 培训，以及信息技术融合提升案例培训，形成示范效应。通过培训，学校涌现了叶婉均、王君、陈凤玲、邓艳红等一批骨干教师，司马成老师于 2021 年 5 月在全省的教师提升工程 2.0 活动中介绍经验。

（4）双师互领。针对学校师资两极分化的现象，沙墟一小学让年长教师做教学师长，年轻老师做信息技术师长，全校共结 15 对"双师对子"互补互领，实现双线成长。

（5）教师认领。每周的科组能力提升培训以"教师认领"的方式开展，教师变导师，并逐渐成为融合创新的骨干教师。学校通过实施教师信息技术应用能力提升工程，使教师智能教育素养大面积提升，教师的智能技术与学科教学深度融合。

4. "沙 e"智慧之师成果丰硕

（1）举办了一场省级现场成果交流展示活动。

2021 年 4 月 30 日，沙墟一小学承办广东省中小学教师信息技术应用能力提升工程办公室主办的提升工程现场交流展示会。其间，潘文清校长作中小学教师信息技术应用能力提升工程 2.0 试点校阶段成果汇报，陈凤玲老师作科组研修经验分享，麦波、曾少华、叶婉均、何嘉怡、卢焕弟、崔燕庄六位教师分别作语文、道德与法治、英语、数学等课例展示，番禺区教育局二级调研员吴岳冬同志发言，贾汇亮院长作"信息技术支持下的课堂教学改革实践"主题讲座，效果良好。

（2）学校案例、教师教学课例获省级奖项四项。

2022 年 4 月，沙墟一小学《基于乡村教师信息技术应用能力提升的多元混合式整校推进实践路径》获广东省提升工程典型案例一等奖；广东省教学创新精品课例比赛中，卢焕弟老师获一等奖，杨伟兴、司马成老师获二等奖，杨晓娜老师获三等奖。

（3）课题获省级立项 2 项。

潘文清校长、刘涛老师的《基于轻智慧课堂教学实验提升农村小学教师信息技术应用能力的实践研究》《班级优化大师在小学班级管理中的有效应用研究》两个智慧教育研究课题获省级立项。

（4）校长、教师获省、市级荣誉 11 人次。

潘文清校长获评广东省"百千万人才培养工程"智能教育名校长，同时获聘为华南师范大学硕士研究生导师，潘文清、刘涛、张思明三位教师被聘为广东第二师范学院教育技术学专业实践课程指导教师，潘文清校长获批为广州市名师工作室主持人，邓艳红、欧少荣两位教师成为广州市学科特约教研员，陈桂红、冯燕华、曹杏珍三位教师获评广州市骨干班主任（优秀班主任）。

深耕：积土而为山

    2018 年 4 月 10 日，习近平总书记出席博鳌亚洲论坛 2018 年年会开幕式并发表主旨演讲。他在演讲中引用"积土而为山，积水而为海"（出自《荀子·儒效篇》，是战国时期思想家、文学家荀子创作的一篇论说文），指出幸福和美好未来不会自己出现，成功属于勇毅而笃行的人。意思是说，把土堆积起来可以形成高山，把水汇聚起来可以形成大海。喻指事业的成功需由点滴积累而来，日积月累、坚持不懈，才能实现从量到质的蜕变。

    沙墟一小学正是以"积土而为山"的精神，全面贯彻落实《中共中央国务院关于全面深化新时代教师队伍建设改革的意见》，践行《教育部关于实施第二批人工智能助推教师队伍建设行动试点工作的通知》中提到的"深入推进人工智能等新技术与教师队伍建设的融合，推动教师主动适应信息化、人工智能等新技术变革，积极有效开展教育教学"这一理论思想。对此，沙墟一小学基于乡村小学生源不均、师资薄弱的校情，紧紧围绕"强师工程"与"课堂变革"两大工程，立足育人主阵地——课堂，以课题研究为抓手，以信息技术赋能教育教学高质量发展。一是数据驱动，持续开展多技术融合的"三导三学"精准教学模式研究，让课堂教学精准高效，实现提质减负。二是技术赋能，构建智慧课堂下德育资源的开发和应用 4 + 2 策略研究。以立德树人为根本，以"多元混合式"教师智能素养提升为实践路径，以"四提升二推进一形成"为教师智能教育素养目标，创新技术应用，破解教育难点，落实新时代立德树人的目标需要，打造深度课堂，推进课堂教学变革，实现整体提升学校教育教学质量，达到提质减负的效能，实现了小规模学校的创生发展，形成了人工智能助推学校发展的新样态，为粤港澳大湾区乡村学校作出了示范引领。

一、通过开展基于教师智能教育素养提升的多元混合式研训路径，大面积提升教师的智能技术与学科教学深度融合水平

    智慧型教师是教育面向未来的前提和基础，要从知识基础、技术能力、思维创意及文化价值上，通过多元混合式研训，提升教师智能教育素养，实现教师专业成长。[①] 学校教师智能素养的提升工程需要围绕教育教学进行根本性的谋划，从专业素养、人文素养、智能素养、终身学习能力这四个维度，通过教学生态、教学平台、教学资源、教学模式以及教育信息化思想、理念、制度及规范等方面实践创新，并借助学校教师信息技术能力提升工程开展整校推进，实施多元混合式研训，提升教师智能素养，使教育教学与智能时代相匹配（如图1所示）。

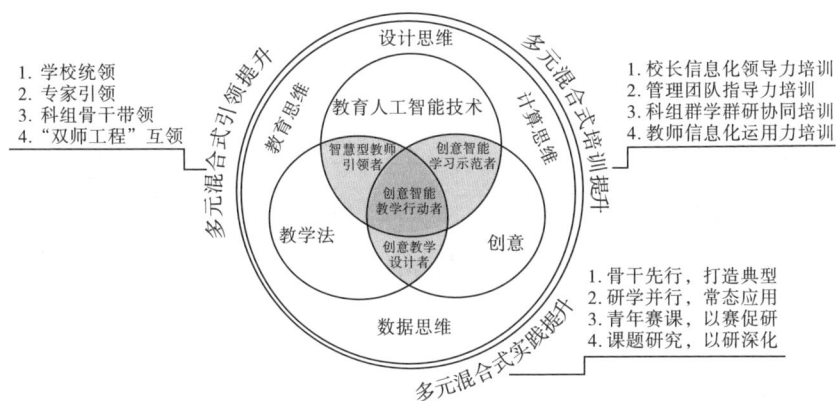

图1 多元混合式研训提升智能教育素养研究内容

学校的教学质量发展关键是教师教学素养和教育信息化素养的提升，因此，"十四五"期间，沙墟一小学将基于人工智能助推教师队伍建设，开展"多元混合式"整校推进教师智能素养的实践路径，从而提升人工智能应用力、教师解读文本力、教学设计力、课堂指导力、教学评价力等，促进乡村教师的专业成长，确立了"四提升二推进一形成"的教师智能教育素养目标（如图2所示）。

四提升：一是智能管理团队领导力和指导力的提升；二是智能教师信息素养的提升；三是数据驱动下的"多技术融合的'三导三学'精准教学模式"的智能教学应用能力提升；四是实施好智能教师科研能力提升工程。

二推进：一是推进沙墟一小学智慧校园的信息化发展与智能教师队伍建

---

① 胡小勇，徐欢云. 面向 K-12 教师的智能教育素养框架构建 [J]. 开放教育研究，2021，27（4）：59-70.

设；二是推进智能教学的革新，落实"双减"，提质增效。

一形成：探索有效运用大数据、人工智能、"互联网＋"的智能教师队伍建设实施路径，构建人机融合智能教育新样态，辐射湾区学校，形成协同发展的新格局。

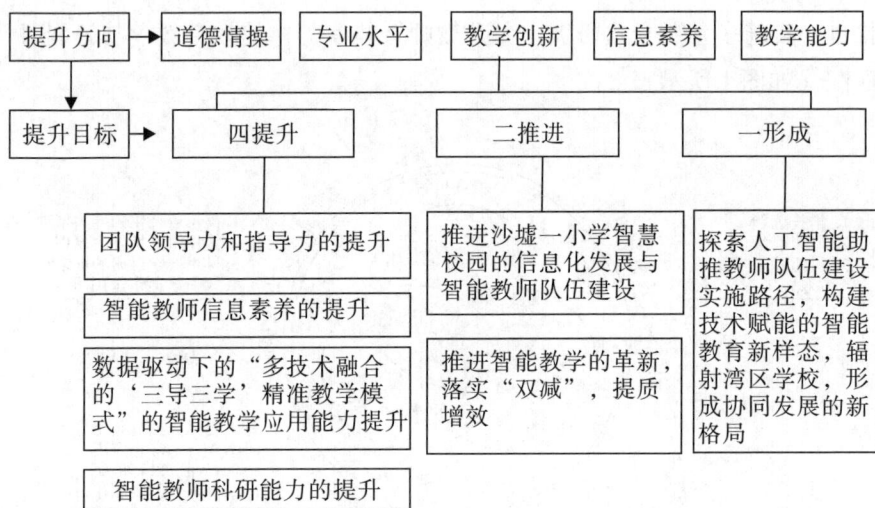

图2　"沙 e"教师智能素养提升目标

二、深化两项融合，立足课堂、打通课堂，实现课堂教学提质减负与全面提升德育实效

教师智能素养提升的关键点是教学应用，必须以课堂教学为突破口。因此，学校组建以科组为单位的智能素养学习共同体，完善《融乐课堂的教学评价表》，通过科组集体备课、校内教研课、青年教师赛课的行动研究，深化教学与德育两项融合；立足课堂，开展多技术融合的"三导三学"精准教学研究，落实"双减"提质减负；打通课堂，探索基于大概念、大主题，综合性与实践性双线联动的思政项目式学习，提升德育实效，全面落实立德树人根本任务。

融合创新行动一：立足课堂，实现课堂提质减负，落实"双减"政策

2021 年，学校立足"双减"政策，升级电子书包平台，开展了新一轮的课堂改革实验，让"三导三学""智慧教学"从 1.0 向"多技术融合的'三导三学'精准教学模式2.0"跨进，以问题（任务）为导向，利用多技术支持，开展教师的多元导学、深度导练与学生的自主研学、合作展学、拓展悟学。为了实现减负增效，全校学生配备了智慧卡，在课前、课中、课后收集数据，以数据驱动教学，全面掌握学生的学习情况，让精准教学可观可测，走向深度研学，为"双减"课堂提质增效。

沙墟一小学采取如下措施扎实推进该教学模式的研究。

1. 步履扎实，分步开展主题式教学实践研究

多技术融合的"三导三学"精准教学模式采取分步实施，深入开展项目式教学实践。沙墟一小学的宗旨是定大纲、小开口，分步深入实践研究，让智慧课堂走深、走实。

2. 实施"沙 e"智慧教学模式应用创新

学校基于学科课型和学科核心素养，开展智能技术融合的"三导三学"精准教学模式创新，实现提质减负（如图3所示）。根据不同学科和课型，精准分析班级学情，精准确立课堂教学目标，以问题化教学为抓手，利用智慧卡等开展精准数据分析与学情诊断，并根据学情进行教学干预，提升教学效果，达到精准教学的目的。同时，基于多技术融合应用，开展了"影视微课开发与利用""智慧阅读，悦读越精彩"等创新应用实践。

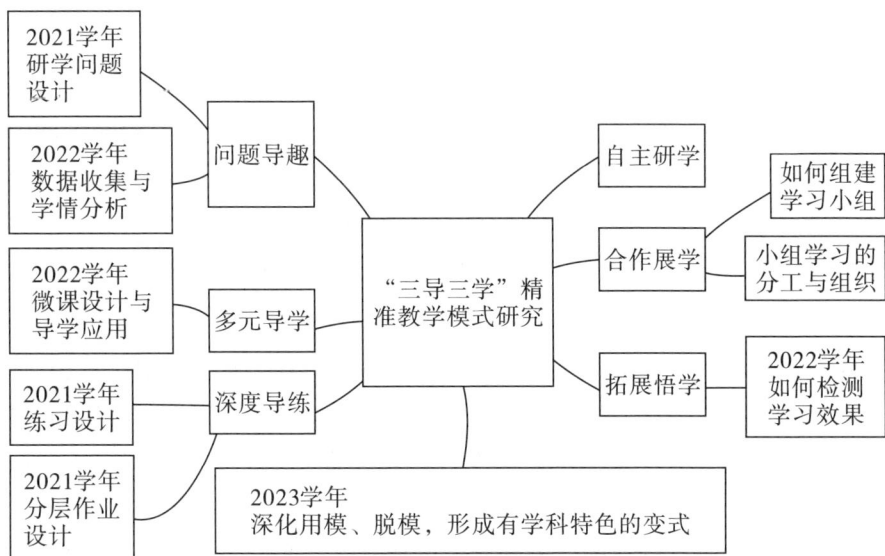

图3　"三导三学"精准教学模式研究内容分解

实践行动研究在梳理前期的教学实践研究的基础上，理清"三导三学"模式的内涵，进一步根据不同学科、不同课型，借助电子书包、智慧卡、C30智能教学、粤教翔云数字教材、班级优化大师等多技术的融合应用，用模、脱模，实现技术赋能，提升"三导三学"教学模式中课前、课中、课后融合应用方法，探索翻转课堂教学模式下"双主体"实践路径，并在教学中熟练应用（如图4所示）。

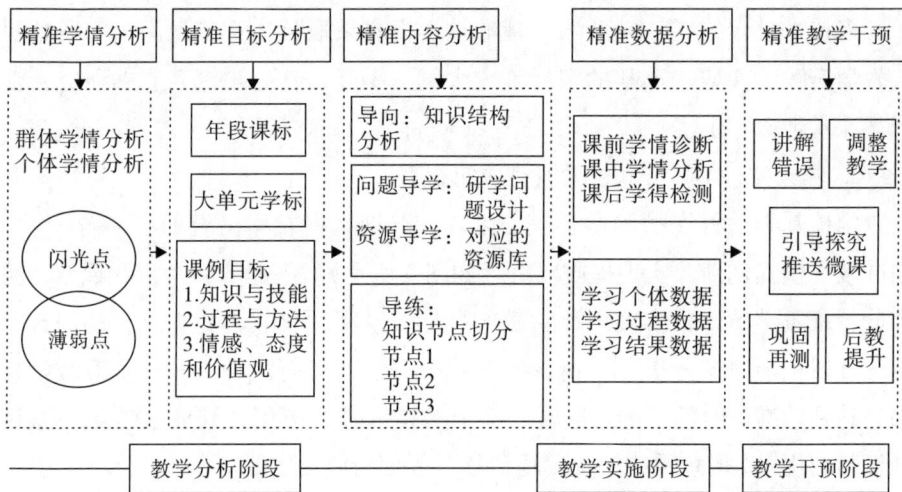

图4 精准课堂教学实施流程

实施精准课堂教学，通过大数据驱动，为"双减"提质，根据不同学科和课型，精准分析班级学情，精准确立课堂教学目标，加强文本解读能力。同时以研学问题为抓手，利用智慧卡等开展精准数据分析与学情诊断，并根据学情进行教学干预，提升教学效果，达到精准教学的目的。

3. 推进多技术融合的"三导三学"精准教学校本优质课例资源建设与应用

多技术融合的"三导三学"精准教学校本优质课例资源的建设遵循三个原则，一是以学生为中心，为学生的分层学习提供学习平台；二是以知识构建性为原则，在创设学习情境时，要考虑到知识点之间的关联、协作学习；三是系统性原则，以学科组、年级为单位分解子任务，高内聚，低耦合，保证整个资源库的系统性。同时做好资源的优化，一是资源课程化，不是所有资源的堆砌，而是针对某个学习任务的链状课程化资源；二是课程资源线上云存储与线下存储应用相结合，加大对资源的评价，开展"三导三学"精准教学模式资源的课件制作评比活动，落实电子书包平台资源的个性化学习资源推送应用。

三、形成教师智能素养提升的校本范式，辐射区域内外

在"十四五"教育发展专项规划中，广东省将推进义务教育优质均衡发展作为构建高质量教育体系的重要内容，提出了一系列有针对性的举措，聚焦城乡一体，聚焦区域均衡，聚焦质量提升，全面贯彻落实中共中央"双减"等文件精神，创新教育教学方式。沙墟一小学作为城乡接合部小学，具有区域代表性，学校在"双减"背景下，一是推行多技术融合的"三导三学"精准教学模式，二是开展智慧课堂下道德与法治教学资源的开发和应用策略研究。融合多种技术，开展基于大概念、大主题、综合性、实践性的"学科项目式学习"，构建双线联动的双师课堂，打造开放而有活力的道德与法治大课堂。既落实了乡村教育振兴计划，也落实了教育部教育信息化 2.0 的举措，形成教师智能素养提升的校本范式，辐射番禺区域内外，同时，作为贵州省与广州市的手拉手学校，可以形成区域外的校本范式辐射。

（一）"落实'双减'　技术赋能　深度研学"智能教学交流活动

2021 年 12 月 10 日，沙墟一小学承办广东省电化教育馆、广州市电化教育馆、番禺区教育局主办的"落实'双减'　技术赋能　深度研学"为主题的智能教学交流活动展示（见图5）。参与单位还有贵州省金沙县柳塘镇中心完全小学、贵州省赫章县野马川镇大田小学、东莞市石龙镇中心小学、广州市番禺区市桥东城小学、广州市番禺区市桥横江民生小学以及区域内外的教育同行。其间，

图5　智能教学交流活动与会嘉宾合影

广东第二师范学院网络教育学院贾汇亮院长发言，番禺区教师发展中心科研部李进成副主任、广东省电化教育馆许力副馆长、广州市电化教育馆创新研究部李赞坚主任分别对智慧教育相关工作进行了点评，各级领导对相关工作给予高度肯定。

（二）"乡村教育高质量发展：智慧教育赋能五育融合"智慧教育成果展示活动

2023年4月13日，广州市番禺区市桥沙墟一小学承办以"乡村教育高质量发展：智慧教育赋能五育融合"为主题的智慧教育成果展示活动（见图6）。参加本次智慧教育成果展的有番禺区教育信息化各类中心校、示范校、试点校，番禺区国家教学成果推广应用支撑校、参与校，广东省2022年教育信息化教学应用实践共同体项目学校，贵州省毕节市赫章县野马川镇大田小学、贵州省毕节市金沙县柳塘镇中心学校、贵州省毕节市威宁县第五小学、广州市小学名教师潘文清工作室成员。本次活动通过线上线下的形式进行，课例观摩人数均超过1 000人。

图6 课例展示现场

本次成果展分为三个环节。第一个环节是线下智慧教育成果展示，用一个个流动展板及移动大屏展出了学校各部门、各学科在双新背景下（新课标、新技术）五育融合项目式学习成果。

第二个环节是道德与法治、心理健康教育课例展示，展示了在新课标、新技术及番禺区融乐课堂理念下，沙墟一小学多技术融合的"三导三学"精准教学模式及智慧课堂下道德与法治教学资源的开发与应用4+2策略研究成果。

第三个环节是案例分享。潘文清校长以"村小教育高质量发展：沙 e 教育从 1.0 到 2.0"为题，聚焦问题、实践、成长三个关键词，讲述了"沙 e"教育从 1.0 到 2.0 的智慧教育故事。黄洪带副校长等七位教师分享了智慧教育赋能五育融合案例，八个案例涵盖了各部门、全学科。案例分享聚焦技术赋能五育融合，以及全面育人高质量发展的思考、实践与成效，思路清晰，实践有效，精彩纷呈。

番禺区教育局二级调研员吴岳冬同志在活动致辞中高度评价沙墟一小学九年如一日，聚焦问题、立足课堂，创新教育教学模式，以人工智能助推教师队伍建设，通过技术赋能五育融合全面育人，促进学校均衡优质的内涵式发展，目标明确、措施得力、成效明显，并称沙墟一小学的做法值得全区推广借鉴。沙墟一小学把智慧教育融入日常，犹如呼吸一样自然，为村校高质量发展树立典范。

广东省电化教育馆许力副馆长以"问题导向，求真务实；躬身实践，研究扎实；融合创新，卓有实效"三个"实"，对沙墟一小学基于学校现状，聚焦问题，找准智慧教育提升发展路径取得的丰硕成果给予高度赞誉，勉励学校继续深耕智慧教育，为基础教育数字化转型和城乡教育均衡优质发展做出示范引领。

广东第二师范学院网络教育学院贾汇亮院长认为，沙墟一小学智慧教育展示活动为信息技术在基础教育中的融合应用提供了很好的范例，以信息技术的精准应用落实了教育数字化转型行动，信念坚定，成效显著。实现了三个转变：一是实现了技术赋能知识传授到技术赋能全面育人转变，二是实现了技术赋能传统教学到技术赋能课堂改革创新转变，三是实现了技术赋能教师的教到技术赋能学生的学转变。同时，贾院长希望智慧教育巡展活动能激发参会学校对智慧教育更多的思考，让技术支持跨学科学习，让技术赋能立德树人，全面育人。

最后，番禺区教师发展中心教育技术部丘志强主任进行了发言，认为沙墟一小学智慧教育成果突出，多技术融合引领课堂逐步走向数字化转型，教师智能素养显著提升，落实了番禺区"融·乐"课堂改革行动，"沙 e"智慧教育品牌凸显，为番禺区城乡二元结构的高质量发展做出了示范引领。他向与会的学校提出：下一阶段要按照"立足基础、问题导向，数字转型，技术赋能，整体提升、重点突破"的要求，探索教育数字化转型的实践路径，实现构建教育融合新生态、打造智慧教学新课堂、助力教育治理新常态，形成智慧校园新格局，全方位赋能教育综合改革的目标。

融合创新行动二：打通课堂，全面提升德育效能，落实立德树人根本任务

"十四五"期间，沙墟一小学成功立项了广州市教育科学课题——《智慧课堂下小学道德与法治资源的开发与应用策略研究》，利用互联网开放、丰富、高效率、实时便捷等特点，结合学生生活、社会热点，整合图片、音乐、影视等多种资源，围绕理想信念、核心价值观、传统文化、生态文明、心理健康五大主题，对道德与法治课程进行二次开发，同时融合多种技术，开展基于大概念、大主题、综合性、实践性的"学科项目式学习"，破解思政教师师资不足难题，构建双线联动的双师课堂，打造开放而有活力的道德与法治大课堂。提高德育实效性，全面落实立德树人根本任务。以下是此课题的研究目标、研究内容及实践探索与示范辐射情况：

1. 研究目标

（1）通过四结合的资源开发策略，形成校本优质教学资源。

利用互联网，围绕《中小学德育工作指南》提出的理想信念、核心价值观、传统文化、生态文明、心理健康五大主题，通过四结合的开发策略对道德与法治教学资源进行二次开发，形成有沙墟一小学特色的校本资源。

（2）通过两种方式的应用策略，打造有活力的思政课堂。

基于"互联网+"的智慧教学平台，以两种方式，一是基于大概念、大主题，综合性、实践性的"道德与法治学科项目式学习"；二是基于广州市共享课堂（国家中小学智慧教育平台）的四种双师模式，即同频共振模式、交流分享模式、观点辩论模式、课前研学模式，打造开放而有活力的思政课堂。

（3）依托4+2资源开发应用策略，形成1+1+3辐射范式。

沙墟一小学是广东省中小学教师信息技术应用能力提升工程2.0示范校，课题主持人是广东省"百千万人才培养工程"智能教育名教师培养对象、广州市名教师工作室主持人，依托学校、课题主持人的优势与承担的使命，通过1+1+3的范式，破解当前小学道德与法治课堂效益不高、德育实效性不强的难题。

2. 研究内容

（1）开展道德与法治教学资源的开发与应用4+2策略研究。

利用互联网，围绕《中小学德育工作指南》提出的理想信念、核心价值观、传统文化、生态文明、心理健康五大主题，通过4+2开发应用策略，打造开放而有活力的道德与法治课堂，提升德育的实效。4＋2，即教学资源的四结合和资源应用的两种方式。四结合，即"结合社会热点、结合传统节日、结合现实需要、结合真实情景"对道德与法治教学资源进行二次开发，形成有沙墟一小学特色的校本资源。两种方式，即融合多种技术，通过基于大概念、大主题，综合性、实践性的"道德与法治学科项目式学习"和基于广州市共享课堂的四种双师模式开展应用研究，打通小中大思政课堂，提升德育的实效（如图7所示）。

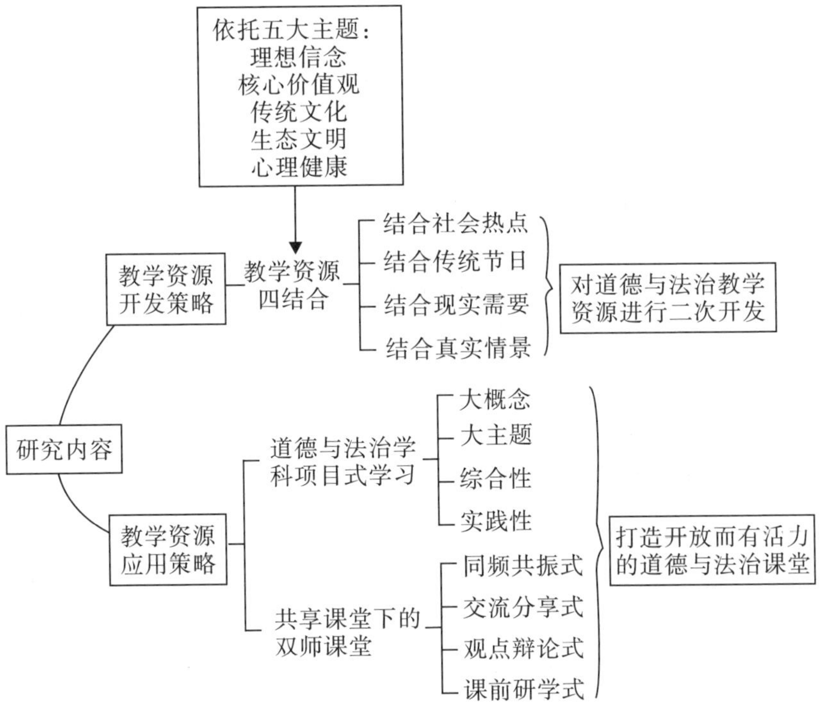

图7 智慧课堂下道德与法治教学资源的开发与应用策略研究内容

（2）开展智慧课堂下道德与法治教学资源应用效果测评。

道德与法治课堂是立德树人的主阵地，课题组立足道德与法治学科五大核心素养，即政治认同、道德修养、法治观念、健全人格、责任意识，借助科学量表，依托智慧卡等信息技术手段，开展智慧课堂下道德与法治教学资源应用效果测评，客观分析课题研究的效果，不断优化资源应用策略，提升道德与法治教学效益（如图8所示）。

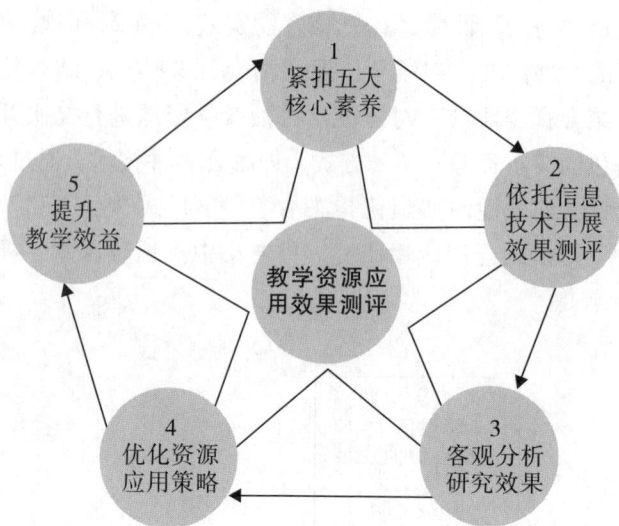

图 8　智慧课堂下道德与法治教学资源应用效果测评研究内容

（3）开展 1 + 1 + 3 示范辐射模式研究。

依托学校、课题主持人的优势与承担的使命，通过 1 + 1 + 3 的示范辐射模式，即一个名师工作室、一个研修共同体，期初碰头会、期中交流会、期末展示会，形成范式，辐射区域内外同类学校，破解当前小学道德与法治课堂效益不高、德育实效性不强的现状。

3. 实践探索与示范辐射

2022 年 11 月 29 日，潘文清校长参加了由广东省教育厅主办，广东省中小学"百千万人才培养工程"项目执行办公室承办，广东省外语艺术职业学院协办的广东省中小学"百千万人才培养工程"省级培养学员走进乡村教育活动暨"云送教"阳江江城站活动（见图 9）。潘校长为阳江市江城区埠场镇的老师们带来《智慧课堂下道德与法治教学资源的开发和应用策略研究》专题讲座。潘校长以市桥沙墟一小学为例，从研究的背景意义、研究的内容、如何开展研究以及研究的初步成效四大方面，给大家带来一场深入浅出的精彩讲座。

图9　广东省中小学"百千万人才培养工程"省级培养
学员走进乡村教育活动暨"云送教"阳江江城站活动

2023 年 4 月 13 日，由广州市教育局、广州市工业和信息化局主办，广州市电化教育馆、番禺区教育局、番禺区教师发展中心、市桥城区教育指导中心协办，沙墟一小学承办的以"乡村教育高质量发展：智慧教育赋能五育融合"为主题的智慧教育成果展示活动中，潘文清校长以"基于共享课堂的小学道德与法治双师教学模式研究"为题分享了课题研究成果。

2023 年 4 月 25 日，由广东省教育厅主办，肇庆学院承办的广东省中小学"百千万人才培养工程"省级培养学员走进乡村教育活动在梅州丰顺丰良中心小学举行，潘文清校长到现场进行了《基于共享课堂的小学道德与法治双师教学模式研究——以广州市番禺区市桥沙墟一小学道德与法治教学为例》实践案例分享（见图 10），深受好评。

图 10　潘文清校长作案例分享

2023 年 5 月，在广州市教育局等多部门联合主办的第二届智慧教育成果展中，潘文清校长通过线上线下混合方式，面向全市教师作了《基于共享课堂的小学道德与法治双师教学模式研究》的案例分享。

2023 年 10 月 26 日，在广东省教育厅主办，广东第二师范学院承办的广东省中小学"百千万人才培养工程"智能教育名校长培养项目赴新疆喀什开展"粤疆偕行"双师课堂助力高质量发展教育帮扶服务活动中，潘文清校长作了《智慧课堂下小学道德与法治教学资源的开发与应用策略研究》《基于共享课堂的小学道德与法治双师教学模式研究》专题讲座。

2023 年 11 月 13 日，在番禺区思政课程与课程思政专项教研活动中，潘文清校长作了《智慧课堂下小学道德与法治教学资源的开发与应用策略研究》专题讲座。

（三）广州市实施教育部人工智能助推教师队伍建设行动优秀案例展示活动

为深入贯彻党的二十大精神，推进教育数字化转型，落实教育部《关于开展人工智能助推教师队伍建设行动试点工作的通知》，推动以"双减"、"双新"、教育数字化转型、教育高质量发展为主要内容的教师数字素养提升实践，提升教师队伍整体素质与治理能力，2024 年 4 月 11 日下午，由广州市教育局主办，广州开放大学、华南师范大学承办，番禺区教师进修学校（番禺区教师发展中心）、沙墟一小学协办的广州市实施教育部人工智能助推教师队伍建设行动试点首届"数智强师"研讨会（番禺区分会场）在沙墟一小学隆重举行。

本次活动首先由沙墟一小学、广东外语外贸大学实验中学、越秀区教育发展研究院、天河区华阳小学分享了广州市实施教育部人工智能助推教师队伍建设行动试点项目比赛（教师智能助手工具应用）的获奖案例，然后市桥象圣中学、番禺区大石中学、市桥金山谷学校 3 所学校分享了 3 个优秀实验案例。黄洪带副校长代表沙墟一小学作《基于智能学伴驱动精准教 + 个性学 + 一体评的案例实践研究》的报告。黄校长围绕案例实施、创新应用、实施成效三方面展开，阐述学校通过建构与应用智能学伴模式，以数据驱动，深化"三导三学"精准教学模式，促进课堂教学的提质增效，助推教师的数字素养提升，从而推动学校教育的高质量发展。

沙墟一小学《基于智能学伴驱动精准教 + 个性学 + 一体评的案例实践研

究》是落实番禺区研学后教3.0的融乐课堂实验，以"多元智领"提升教师数字素养的实践行动，践行新课程标准，构建技术赋能的智慧课堂。广州市电化教育馆创新研究部李赞坚主任在点评时强调，推动教育数字化，发展智慧教育，一定要坚持应用为王，要坚持从应用的角度抓教育数字化，为学生的成长赋能，为教师的教学助力，沙墟一小学在教师研训与数智课堂教学上做出了很好的范例。

沙墟一小学是广州市实施教育部人工智能助推教师队伍建设行动的第一批实验校之一，在本次50多个实验区、实验校的中期考核中，被评为10个考核优秀单位之一。同时，学校《基于智能学伴驱动精准教＋个性学＋一体评的案例实践研究》入选"首批广州市实施教育部人工智能助推教师队伍建设行动试点典型案例"，这是学校主动适应信息化、人工智能等新技术变革，落实学校高质量发展的实践见证。

（四）番禺区2024年协同教育实践活动暨"数智教育"帮扶活动（第二期）

为贯彻落实教育部《关于实施第二批人工智能助推教师队伍建设行动试点工作的通知》，结合广东省教育厅《关于组织广东省教育信息化教学应用实践共同体开展协同实践活动暨中期检查工作的通知》的相关文件精神，广州市番禺区教育局开展第二期协同教育实践活动暨"数智教育"帮扶活动，2024年5月21日至24日在沙墟一小学举行。本期活动旨在提升教师的数字素养，智能引领乡村学校、薄弱学校以及受援地学校教师专业成长，推进"数字化"和"智能化"教育融合发展及教育数字化转型，助力基础教育高质量发展。

本次活动面向广东省教育信息化教学应用实践共同体项目单位、番禺区全体小学与智慧校园、对口协作帮扶地区的小学教师等，吸引了众多教育工作者和专家学者的参与。活动呼吁各单位深入研究教育数字化转型的创新策略、路径、方法和模式，为教师的专业成长和番禺区的教育高质量发展提供有力支持。5月21日活动中，沙墟一小学分享了学校在提升教师智能教育素养、推动学校数字化转型升级方面的经验和做法；贵州省威宁县第五小学介绍该校在提升教师智能教育素养方面的研修模式和取得的成效。在跨校协同课例展示环节，沙墟一小学和贵州省威宁县第五小学共同展示了一节人教版数学四年级下册的"营养午餐"课例（见图11）。该课例充分运用了人工智能、智能学伴等数智技术，让学生在轻松愉快的氛围中学习到关于营养搭配和数据分析的知识。

图 11　"营养午餐"课例展示

课例展示后，广东第二师范学院网络教育学院、广州开放大学教师教育学院的专家进行了点评，高度肯定沙墟一小学在提升教师智能教育素养方面所做的努力和取得的成效，并强调了教育数字化转型对教育事业发展的重要性。

5月22—23日是"数智教育"协同帮扶活动，由牵头学校——沙墟一小学及共同体学校——黄编小学、市桥草河小学、沙湾实验小学联合开展协同教研活动。在教研活动中，沙墟一小学张诗诗老师展示了音乐课例"凤阳花鼓"；沙墟一小学五位教师进行了数智技术应用案例分享，分别是青年教师霍逸霁老师的《粤教翔云平台下"三导三学"精准教学模式在低年级智慧课堂的应用——以人教版小学数学一年级下册〈找规律〉第一课为例》和叶婉均老师的《基于数智化背景下项目式学习的道德与法治教学实践——以五年级下册第三单元"百年追梦　复兴中华"为例》，中年教师陈凤玲老师的《基于智能学习卡的三导三学精准教学模式的应用案例——以小学语文四年级下册第二单元〈飞向蓝天的恐龙〉为例》和刘涛老师的《生成式人工智能在教学中的有效应用探讨——以广州市小学三年级下册人工智能课第五课"让电脑说话"为例》，年长教师代表李丽云老师的《数智赋能大单元教学中"大情境"与"大任务"的实践案例——以统编教材语文一年级下册第二单元为例》。北片教育指导中心艺术专干、广州市丁燕名教师工作室主持人丁燕老师和市桥城区教育指导中心教研员梁佩瑜老师对以上课例和案例分享进行点评，赞扬了五位教师信息化素养水平较高，通过数智赋能课堂教学实践，彰显了教学方式的多样性与智能性。

为进一步落实"数智教育"帮扶活动，5月24日，沙墟一小学潘文清校长带队到共同体学校梅州市梅江区育才小学开展协同教育活动，梅州市教师发展中心道德与法治教研员郑建河老师、梅江区教师发展中心道德与法治教研员刘科萍老师、梅州市梅江区江南育才小学行政班子以及梅江区道德与法治科任教师参加了本次活动。本次活动分为4个环节：跨区域协同课例展示、案例分享、讲座交流、专家点评。其间，广州市潘文清名师工作室主持人、沙墟一小学潘文清校长进行了跨区域协同课例《道德与法治》三年级下册第三单元第9课《生活离不开规则》第一课时的课例展示，并作了《党建引领：1＋3＋N打造大思政教育新格局》的专题讲座；广州市潘文清名师工作室成员、沙墟一小学冯淑娴老师作了《多技术融合的小学道德与法治大单元教学实践——以人教版小学三年级下册〈我在这里长大〉为例》的案例分享。

为期四天的协同教育实践活动暨"数智教育"帮扶活动圆满举办，不仅彰显了番禺区扎实推进城乡、校际帮扶的深入实施，更激活了受援地区、乡村薄弱学校的教研活力，通过数字赋能课堂教学改革创新，挖掘其办学潜力，提升学校教学质量和育人水平，共同书写数智教育高质量发展的新篇章。

（五）广州市人工智能助推教师队伍建设行动试点成果展示

为贯彻落实教育部《关于实施第二批人工智能助推教师队伍建设行动试点工作的通知》，在广州市教育局统筹指导下，广州开放大学教师教育学院（广州市远程培训教师发展中心）负责组织，以"创新引领、协同推进、结对实验、辐射带动、特色发展"为原则，统筹实施"四大工程"。2024年12月12日，广州市番禺区教师发展中心、广州市番禺区市桥沙墟一小学、广州市潘文清名师工作室以"AI赋能新课堂，五领慧筑强师路"为主题，联合承办了"广州市人工智能助推教师队伍建设行动试点成果展示活动（第3场）"。本次活动通过现场课例展示、专题案例分享、专家点评三个环节，深入探讨人工智能技术在教育教学、教师培训、教师管理中的应用，为广州市区域学校、一线教育工作者提供可借鉴、可复制、可推广的做法和学习交流平台，助力广州市教师队伍建设高质量发展。

番禺区教育局党组成员、总督学黄春燕女士指出，本次活动是响应国家和教育部的要求，推进教育数字化转型与人工智能发展，对推动教育智能化具有重要的意义。沙墟一小学以"多元智领"提升教师队伍的专业水平，落实课堂教学改革，为区域学校的教育数字化提供了很好的范例。同时，希望各学校深入研究教育数字化转型的创新策略、路径、方法和模式，从而赋能教师的专业成长，赋能番禺区的教育高质量发展。

在课例展示环节，沙墟一小学霍逸霁老师执教了人教版数学二年级上册《观察物体（一）》，余秀群老师执教了语文六年级上册课例《书湖阴先生壁》。在数学课《观察物体（一）》中，通过人工智能生成直观 3D 图形，赋能教学情境，人机协同助力学生发展高阶思维；同时借助智能学伴，开展学情诊断，以数据驱动课堂教学的精准评价，让教师更好地落实后教策略，让课堂趣味盎然。在《书湖阴先生壁》课上，余老师以 GAI 智能体丰富了教学手段，以人机对话突破教学难点，还通过智能评估提升了教学质量，让古诗文教学焕发新机。

在专题案例分享环节，沙墟一小学潘文清校长作了题为《城中村小学的蝶变——"多元智领"助推教师专业发展》的成果汇报。潘文清校长汇报了近年来学校积极响应番禺区推进教育数字化战略行动，扎实推进广州市实施教育部人工智能助推教师队伍建设实验校"数智强师"行动，推动教师主动适应数智技术变革，以"数字赋能、融通育人"为理念，以问题为导向，聚焦校情，以"五领"（专家引领、学校统领、骨干带领、双师互领、教师认领）开辟村小数智强师新航道，通过教师队伍的发展推动课堂变革，实现学生成长与学校发展的"换道超车"，成为享誉省市的智慧教育应用标杆校、示范校，省深化课堂改革实验校，并积极向区域内外辐射推广经验，为乡村教育数智化转型提供了经验。沙墟一小学邓艳红、叶婉均、杨晓娜、王婉潼老师分别以"骨干带领，以智助研""教师认领，以智助学""双师互领，以智助教""学校统领，以智助育"为主题分享了智慧案例。

广州开放大学教师教育学院曾海院长充分肯定了番禺区教育局和沙墟一小学在实施教育数字化转型、深化课堂改革、推广典型经验、加强教师队伍建设、提升教师的数字素养和创新能力等方面所做的创新实践。他认为沙墟一小学的课例展示及案例分享充分体现了在学校"多元智领"整校推进的顶层设计引领下，积极践行"五领强师"发展行动，巧妙融合数智技术赋能"六助"：以"智"助教，以"智"助学，以"智"助研，以"智"助评，以"智"助育，以"智"助管，不仅大幅提升了教师的专业素养和课堂教学质量，更为乡村教育振兴注入了强劲动力，成功培养出了一支优秀的教师队伍。"AI 赋能新课堂，五领慧筑强师路"成果交流展示活动有思路、有行动，是一场有丰硕成果的展示，是沙塘一小学用数智筑梦，办人民满意的乡村教育的满意答卷，是值得向全国辐射推广的数字化转型背景下"数智强师"的样板。希望学校进一步深入研究、总结提炼，为全国乡村教育的改革与发展提供宝贵借鉴，树立新的教育标杆。

四、智慧评价，撬动育人方式变革

教育评价直接关系到教育的方向。《深化新时代教育评价改革总体方案》为教育评价指明了方向，其核心价值表现为破除"五唯"，促进立德树人教育根本任务的落实。近年来，学校以 AI 赋能学生德育评价改革，成功立项广东省教育科学规划课题（一般项目）《数智时代下新技术支持的"悦品·红棉"学生德育评价研究》（项目号：2025YQJK0033），开展德育评价研究，借助班优闪畅综合素质评价平台，创新评价方式，通过完善德育评价标准、以"344"模式推进过程性评价，改进结果评价，开启伴随式过程性评价，探索增值性评价，以评价撬动育人方式变革，让学生品行养成看得见。

（一）多维度评价，落实德育素养培育

数字技术赋能德育评价改革有助于优化新时代学生德育评价，促进学生道德内化与养成，满足社会主义现代化建设和学生全面成长与个性化发展的需要。[①]

学校以"让喜悦在教育中发生"为办学理念，打造"喜悦教育"品牌。该项目聚焦学校办学理念，以《中小学德育工作指南》为指导思想，提炼校花——红棉的精神，依托学校数字基座中的班优闪畅综合素质评价平台，构建"344"德育素养评价体系，通过"学校、家庭、社会"三方参与，以"教师评价、学生评价、家长评价、社会评价"四方面的评价手段，建立"立志铸魂、向上向善、悦心向阳、责任奉献"四个维度的评价指标。

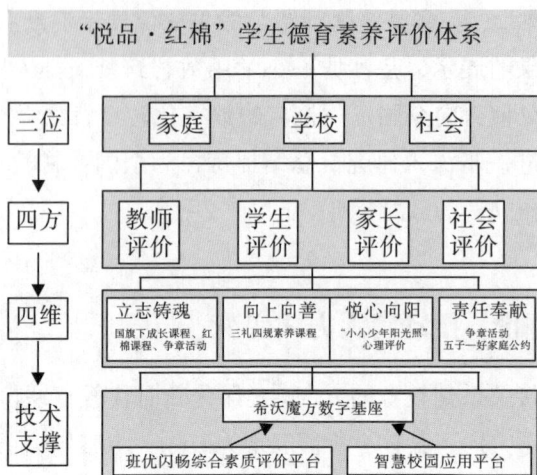

图12 "悦品·红棉"学生德育素养评价体系

"悦品·红棉"德育评价分"立志铸魂、向上向善、悦心向阳、责任奉献"四个维度，每一个维度有具体的评价点，包括爱祖国、学先锋、树理想等12个小项及明确的评价标准（如表1所示），对学生的品行进行多维度、细致、全面的评价。

表1 "悦品·红棉"学生德育素养评价标准

	二级指标	评价标准
悦品	立志铸魂	爱祖国：坚持每周升旗礼，了解祖国历史 学先锋：寻找自己的先锋偶像，学习先锋事迹 树理想：确立自己的理想目标，学习一项本领
	向上向善	孝老爱亲：学会礼待他人，为长辈做力所能及的事 积极进取：坚持学习，健康生活，每天进步一点点 诚实守信：日常做到实话实说，对人守信，对事负责，做诚实守信好少年 日行一善：每天坚持做一件行善的小事
	悦心向阳	悦纳自我：正确认识自己的优点与缺点，培养自信 情绪管理：学习管理情绪的方法，以积极乐观的态度过好每一天 人际交往：掌握基本的沟通技巧，培养团结协作能力
	责任奉献	关心集体：积极维护班集体荣誉，遵守学校的各项规章制度 服务社区：积极参与社区实践活动，培养乐于奉献、志愿服务的意识和精神

根据以上评价标准，在班优闪畅综合素质评价平台设立评价指标，包括"表扬、待改进"两方面，以图文点评的方式呈现评价结果，如图13所示。

为使德育评价更好地为学校培养目标服务、为育人服务，结合学校的"三礼四规"养成教育，国旗下成长课程、红棉课程、小少年阳光照等校本德育课程及"五子一好"家庭公约等校外实践争章等多维度进行评价，综合评价学生在学校、家庭、社会多场景的德育表现，包括课堂表现、校园活动、校外写实等，如图14所示。改变过去单一的、片面的评价，使德育评价更全面、更客观。

在班优闪畅综合素质评价平台，可实时动态查询结果。家长、教师可以随时随地通过手机端、网页端以及学校电子班牌查看电子档案内容，随时了解学生德育品行的情况，找到适切的时机对学生进行引导教育，能提高育人的针对性，有效增强育人的实效。

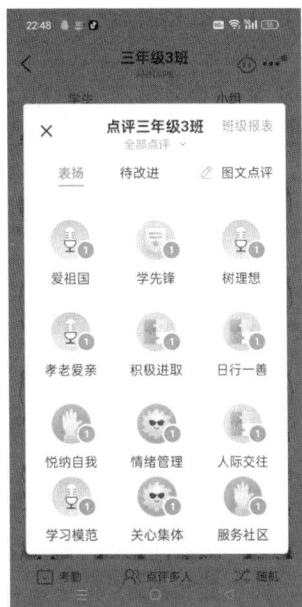

图13　德育素养评价指标

图14　"悦品·红棉"德育素养多维评价图

（二）过程性评价，激发成长内驱动力

德育过程性评价指的是在教育过程中教师、家长、社会团体等对学生在学校、家庭、社会教育活动中多要素的表现与效果作出及时判断，具有较强

的针对性、时效性与动态性等特点。①"悦品·红棉"学生德育素养评价正是班主任、科任教师、德育干事、校领导等,在不同的场景,围绕学生四个维度的品行表现情况,利用班优闪畅综合素质评价平台,本着"激励表扬、正面引导、公正公平"的原则对学生的品行进行的过程性伴随式的评价。

按照周、月、期末三个时间节点,实行三层级递增评选,并设置对应奖励。一是班级每周评选,根据周得分榜单、进步榜、单项榜,分别选取班级积分第一名的学生,为班级悦品全能星、悦品进步星等,由班主任负责,在班会时进行表彰并奖励,奖励方式班级自定义,可选择抽奖等方式,以班级奖励兑换的功能做表彰记录。二是年级每月评选,根据月得分榜单、进步榜、单项榜,分别选取班级积分前 N 名的学生,为年级悦品全能星、悦品进步星等,由级长负责,可颁发对应称号实物奖状,在年级活动中进行表彰,设置特殊奖励等。三是校级学期评选,根据本学期得分榜单、进步榜、单项榜,分别选取班级积分第 N 名的学生,为校级悦品全能星、悦品进步星等,由德育主任负责,可颁发对应称号实物奖状,在校级活动中进行表彰,设置实物/虚拟奖品,如校长签名笔记本、学校文创礼品、跟校长共进午餐、获奖者合照在校园展示一周等,以校级奖励兑换的功能做表彰记录。学生评比报告数据具体详细,实现可视化。

同时,还结合少先队争章活动开展评价。在阶梯争章的过程中持续记录学生过程性积分,结合终结性评分定期颁章,引导学生积极向上,知行统一,不断激发学生成长的内驱动力。引导学生从小树立远大目标,以红棉精神激励自己,做向上向善,乐观积极,有责任、懂感恩、乐奉献的阳光少年。

借助 AI 赋能,数据自动汇总到综合素质评价平台,方便教师、学校根据数据,按照不同的时间周期做学生评选工作。保证评价过程的形象化、数据化、信息化、动态化,同时也保证评价过程公开透明、可观可感,使评价有理有据,保证公平公正。

(三)增值性评价,实现成长实时可见

增值性评价是一种前沿的教育评价方式,通过追踪学生在一段时间内品行表现的变化,考察学校、家庭、社会对学生品行引导的净效应,是对学生

---

① 赵明,孙艳,易秀芬,等."三层五维,润美育人"中学德育评价体系的构建 [J]. 教师教育论坛,2023,36(2):85 – 87.

个体一种较为科学、客观的评价。与横向比较的评价方式不同，增值性评价是基于学生品行变化能够精确反映学生品行进步或退步这一假设，旨在判断评价对象的"过去""现在"与"将来"的变化状况。增值性评价在一定程度上体现了教育可持续发展观，其核心是人的可持续发展，教育不仅要满足人的近期发展需求，更要满足人的长远发展需求。

图15是对××阳同学在本周、本月、本学期的增值性评价的情况，从图示数据可见，这位同学在这段时间呈相当稳定状态，教师通过查阅这些数据能更客观分析引导方式是否有效，学生当前的品行状态处于什么区间，从而对该生进行更科学、客观的评价，改变过去仅凭经验的含糊性评价。实践证明，增值性评价对后进生的转化及学生异常行为的监控有积极的重要作用。

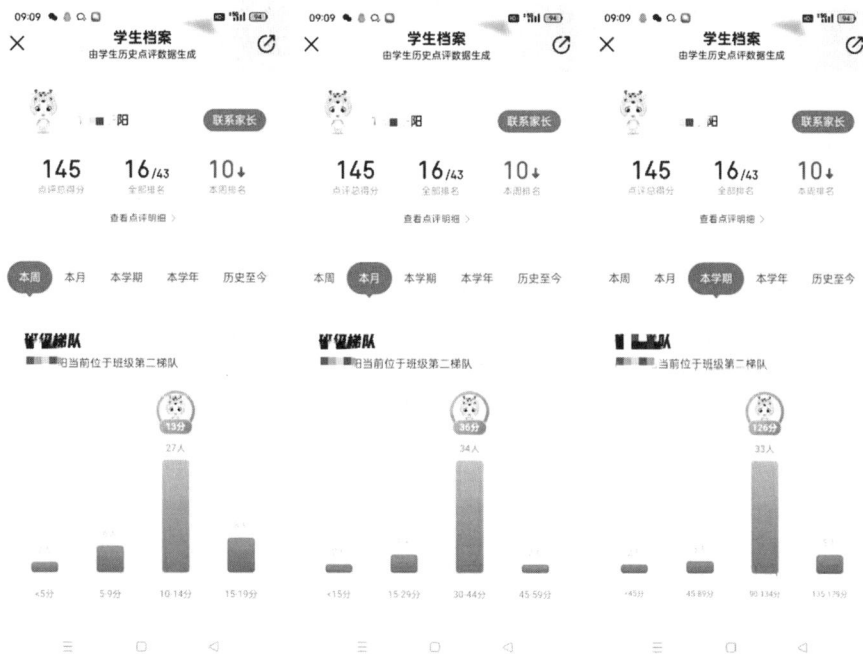

图15　××阳同学在本周、本月、本学期的增值性评价的情况

德育评价的最终目的是促进学生的道德内化与养成，故评价结果的反馈至关重要。传统的德育评价结果反馈往往依赖于口头告知或纸质报告，不仅效率低下，而且难以引起学生的重视。AI数字技术的应用，通过可视化分析、预测性分析等方式，将评价结果以直观、生动的方式呈现给学生，让他们更

加清晰地了解自己的德育表现和需要改进的地方。同时，AI 数字技术还可以根据学生的学习和生活习惯，为他们提供个性化的德育建议和指导，帮助他们更好地提升自己的道德品质。

综上所述，在数字化转型背景下，沙墟一小学依托学校数字基座中的班优闪畅综合素质评价平台，构建"344"德育素养评价体系，开启多维度、伴随式过程性评价与增值性评价。通过 AI 数字技术提高德育评价数据的精准性、增强德育评价分析的专业性、提升德育评价结果的反馈针对性和促进德育评价改革的创新发展，为德育评价改革提供了强有力的支持。既为教师减负，又能很好助力学生成长，以评价撬动育人模式变革。借助 AI 赋能落实德育素养培育，激发学生成长内驱动力，让学生品行养成看得见。AI 赋能德育评价可以提高德育评价的效能、促进公平和学生全面发展。[1]

当然，基于数智时代下新技术支持的"悦品·红棉"学生德育素养评价研究尚处于实践探索阶段，对于评价指标的设立、评价过程的参与度以及评价可信度的验证有待在下一阶段不断优化与深化。

《深化新时代教育评价改革总体方案》给教育改革指明了方向，提供了新的思路。未来随着数字技术的不断发展和普及，其在德育评价改革中的应用将会更加广泛和深入。通过构建全员、全程、全方位参与的评价主体系统，以及让评价过程贯穿美的熏陶和教化，学校在丰富学生知识的同时，提高了学生的道德素质修养。[2] 以教育评价改革撬动育人方式变革的目标一定能实现。

五、小结

信息化能打通地域边界，实现交流沟通零距离，资源共享便捷化。作为市智慧校园实验校、市人工智能实验校、省中小学教师信息技术应用能力提升工程 2.0 示范校，沙墟一小学秉持开放、共享的理念，把沙墟一小学信息化成果，包括微课、课例、教研等资源分享给区域内外的学校，包括与沙墟一小学拉手的贵州五所学校，推动区域内外信息化建设的优质均衡发展，助

---

① 徐玉珍. 数字技术赋能初中德育评价改革的实践及优化策略研究 ［D］. 桂林：广西师范大学，2023.

② 赵明，孙艳，易秀芬，等."三层五维，润美育人"中学德育评价体系的构建 ［J］. 教师教育论坛，2023，36（2）：85－87.

力乡村教育振兴。

综上，沙墟一小学从 2014 年电子书包教学实验缘起，从智慧教学走向智慧校园，从骨干教师培养到整校推进智慧教师的专业成长，基于校情解决了师资薄弱、生源不均的问题，在智慧高速路上快速前行，取得了丰硕的成果，形成了"智创'沙 e'"智能教育新样态。

当然，"沙 e"智慧校园建设不是一蹴而就的，在大数据时代，需要不断顺应科技的发展，以"积土而为山"的态势，让"智慧"惠及儿童，培养智慧儿童。

智慧教育之果：共创师生"幸福家园"

《义务教育语文课程标准（2011 年版）》指出："语文教师应高度重视课程资源的开发与利用，创造性地开展各类活动""各地区、学校都蕴藏着多种语文课程资源，要有强烈的资源意识，去努力开发，积极利用"。正是基于这样的理念指导，沙墟一小学以互联网为平台，探索农村小学习作指导与讲评，数学解决问题的策略，英语词汇教学课型模式，音乐课堂的演唱实践能力研究，落实新课程标准提出的关于"努力开发、积极利用资源"的理念，贴地前行，精研细琢，让一个个智慧教育典型案例应运而生。

沙墟一小学人深知，当课堂教学遇见信息技术，三尺讲台便有了广阔天地、无限可能，这是信息技术与教育相融合带来的独特魅力。学校通过问题导趣（向）、精准分析，落实了顶层设计，确立了"两个平台，两条路径，多种技术融合"的实施路径，以多元混合式研训，提升师生信息化素养，建立了"多技术融合的'三导三学'精准教学"模式与应用，有效提升了学校的教育教学质量。本章内容将聚焦两个方面，即精品课例和论文汇编，对取得的一系列智慧教育成果予以呈现。

融合创新应用教学精品课例

　　经过十年的探索，智慧教育也结出了丰硕的果实：全国双课堂《学报》《广东教育》《中国教育报》有学校智慧教育专栏介绍。教师参加全国新技术个性化赛课，音乐课例获一等奖、英语课例获二等奖。在 2015—2018 年度教育部"一师一优课、一课一名师"活动及全国个性化赛课中，教师获部级 8 节、省级 10 节、市级 17 节，其中 4 节收录在"学习强国"平台，学校连续两年获番禺区"一师一优课、一课一名师"活动优秀组织奖。作为当时只有 32 位教师的乡村小学，这样的成绩是令人欣欣鼓舞的。本部分将重点对荣获省、部级优课精品课例予以呈现，实现了全学科覆盖，以期为教育同行带来裨益。

【课例1】

写写我的小伙伴

学校名称	广州市番禺区市桥沙墟一小学	执教老师	潘文清
涉及学科	语文	教学对象	小学六年级学生
教材版本	人教版	课时数	1 课时
学段	☐学前教育　☐特殊教育　☑小学　☐初中　☐高中		
主题类别	☑单学科大单元　☐跨学科大单元　☐其他		
教学环境	☐智慧学习环境　☑多媒体教学环境　☐混合学习　☐其他		
学习空间	教学设备	☐投影　☑一体机　☑交互式白板　☑笔记本 ☑平板电脑　☐录播　☐其他	
	学生设备	☑人手一台　☐小组一台　☐同桌一台　☐没有设备	
	桌椅模式	☐单人单桌矩阵　☐双人同桌矩阵　☑小组式圆桌矩阵	

一、案例设计背景与目的

　　本案例是在多媒体教学环境下，借助电子书包等教学设备开展基于学生个性化学习的习作教学指导。电子书包学习空间为学生课前收集资源、开展课前交流互动，课中呈现习作初步成果，课后互评修订等学习活动提供了前提与保障，实现让学习时时可行、处处可行。提升了交流展示的空间，也让学生更好地参与到学习的过程中。尤其对于习作教学，还能实时记录学生学习与成长轨迹。有效地解决了学生课堂习作时间不足的实际问题。

（续上表）

二、教学理念（如基于问题的学习、个性化学习、探究性教学、分层教学等）

本课教学践行了如下四个教学理念：

1. 个性化学习理念。

个性化学习是教师以个性化的教学手段，满足学生个性化的学习，并促进个体的全面发展。个性化学习是基于资源的学习，是一种适应性学习。强调最大程度地尊重和关注学生的个性差异，提供尽可能多的资源让学生在学习中选择与借鉴，既面向全体又关注个体，是信息化时代对孔子提出的因材施教最好的诠释。在前置性学习及课后拓展学习中提供任务套餐供学生自主选择，充分尊重和关注学生的个性差异。在交流分享展示环节，提供多元选择让学生面对面或人机对话，充分让学生展示、点评，让学生在和谐友好的氛围中学会习作。课堂尾声利用电子书包进行目标形成性评价，反馈及时、高效，并借助辅导答疑让学生的疑难问题有机会得到教师的解答。

2. 混合学习理念。

混合学习是面对面的课堂学习和在线学习两种方式的有机整合。其基本思想是融合现代教育技术与传统教学的优势，关注教师的主导与学生主体的结合，促进教学变革。本节习作指导既有面对面的习作方法的指导，又有在线的前置性学习、小调查与辅导答疑，习作作品的交流与展示，对自我学习目标达成情况的形成性评价反馈。体现信息技术与教学深度融合的核心理念，让信息技术成为学生认知的有效工具。

3. 读写迁移策略。

读写迁移是习作教学的有效策略，它是指向学生最近发展区的高效之路。在第五单元，鲁迅成功刻画了特点鲜明的闰土形象，给学生留下深刻的印象。如果习作中能基于学生原有的基础，有效利用课文的资源，就能化难为易，轻而易举地习得方法，提升能力。《人物外貌描写我有招》微课、前置性学习任务的设计、习作指导课的导入就是基于对读写迁移策略的认识。

4. "三导三学"教学模式理念。

"三导三学"教学模式是沙墟一小学基于电子书包环境，融合研学后教核心理念构建的语文教学模式。该教学模式的主要理念为：①体现"主导—主体"教学思想；②融入翻转课堂教学理念，实现教学流程的逆序创新，转变教师和学生的教与学方式，促进信息技术在小学语文教学中的应用，进一步推动小学语文教学改革，提升小学生的语文综合素质。该模式以提升小学生语文综合素质为目标，基于教学目标、教学对象和教学内容提出研学问题（任务），结合电子书包的主要功能作用在课前、课中、课后三个阶段分别通过教师的"问题（任务）导趣""多元导学""深度导练"，引导学生开展"自主研学""合作展学""拓展悟学"，促进学生乐学、善学、活学。

（续上表）

三、教材与教学内容分析（划分知识点）

1. 本课是人教版《语文》六年级上册第五单元习作。
    本次习作有两个选项，选项一是写人文章，用一两件事介绍自己的小伙伴，注意要写出小伙伴的特点。选项二是写事文章，发挥想象，将发生在"我"和好朋友间的一件事情的经过和结果写清楚，写具体。同一单元安排两种不同类型的习作，一是考查学生的审题能力，二是两项习作较以往出现过的写人写事习作又有不同。选项一写小伙伴，重点强调两点，一是突出小伙伴的特点，二是用一两件事介绍小伙伴。事例的选择很关键。选项二是续写练习，给了故事的起因，经过、结果需要学生发挥合理想象。因为有限定，学生在想象时不能偏离原文，要使上下文融为一体，这对六年级学生来说有一定的难度。本节课的学习要达到两个目的：①巩固通过外貌、语言、动作、神态、心理来描写人物的方法；②学会通过一两件事写出小伙伴的特点。
    2. 发挥合理想象进行续写。
    内容要具体，语句要通顺，表达真情实感。

四、教学目标（三维目标分类或学科核心素养分类）

1. 引导学生留意观察小伙伴，学会通过观察、交往等多种方法了解小伙伴的特点。
    2. 巩固练习通过外貌、语言、动作、神态、心理来描写人物的方法，学会通过一两件事写出小伙伴的特点。
    3. 发挥合理想象进行续写。内容要具体，语句要通顺，表达真情实感。

五、教学重难点
1. 抓住小伙伴的特点，选择恰当的事例具体描写。   2. 根据给出的材料，把握中心，展开合理的想象进行续写。

六、学习者特征分析
习作是学生学习的难点，经过几年的习作训练，学生已经掌握了一定的写作方法。此次作文有两项，可供选择，选项一写人，选项二写事。这两个选项你中有我，我中有你，因为事不离人，人不离事。学生之前也练习过写人、写事文章。但是要通过选择一两个典型事例写出小伙伴的特点，这对六年级的学生来说有一定难度。而且是续写，中心的把握、上下文的衔接需要教师做指导。

（续上表）

七、教学环境、工具及资源准备（包括硬件环境和软件资源）		

教学环境：沙墟一小六（3）班共46人，班上学生能熟练操作交互式白板、平板终端及电子书包等设备进行课堂互动。本次课例采取小组围坐的形式，学生小组合作氛围融洽。

技术工具、平台、资源：交互式白板、电子书包平板移动终端。

八、教学活动设计（一个或多个课时）

教学环节	教学内容	教师活动	学生活动	媒体资源及设计意图
课前： 任务导趣 自主研学	预习摸查 学情诊断	推送课前学习任务单： 1. 回忆记录小伙伴的基本情况 2. 发布《人物描写小调查》问卷	1. 为小伙伴制作名片（或画像），聚焦小伙伴外貌、性格、品质、习惯等特点，回忆与小伙伴之间经历的难忘的事情（用小标题的形式记录） 2. 收集关于人物外貌、动作、语言、神态、心理活动等精彩语段，共建人物描写素材库 3. 完成小调查：人物描写有待提高的选项	1. 电子书包移动平板 2. 互联网 设计意图：根据沙墟一小学"三导三学"教学模式，学生在课前通过电子书包开展自主研学。教师通过学生课前研学反馈的结果，诊断学生的学习起点，便于教师及时调整教学进度和方案
课中： 多元导学 合作展学	活动一： 竞猜人物， 引入话题	1. 回应前置性学习情况 2. 组织游戏：《猜猜他是谁》 3. 采访，揭示话题	1. 参与课前学习反馈 2. 分享感受	1. 电子书包 2. 交互式白板 设计意图：教学导入，犹如一部交响乐的前奏，对学生的情绪调动、课堂

（续上表）

教学环节	教学内容	教师活动	学生活动	媒体资源及设计意图
课中： 多元导学 合作展学				的基调营造起着一锤定音的作用。作文课尤其如此。本环节通过"课前学习反馈""人物竞猜"游戏，适时采访，渗透成功刻画人物形象的妙招——抓住人物的鲜明特点去介绍，同时揭示本节课的任务。利用小游戏激活课堂，引导学生关注教学重点，聚焦人物特点
	活动二： 审清题意， 明晰得法	1. 出示习作要求，明确任务 2. 指导审题 3. 推送微课 4. 相机板书	1. 阅读习作要求，审清题意 2. 观看微课《写人与写事》，记录发现与收获 3. 汇报观看微课的发现与收获	1. 微课 2. 电子书包 设计意图：此次习作有两项任务，既尊重学生的个性化选择，又让全体学生都在短时间内把握习作选项要点、方法，教师精心制作《写人与写事》微课，大大提高了习作教学的效能

（续上表）

教学环节	教学内容	教师活动	学生活动	媒体资源及设计意图
课中：多元导学合作展学	活动三：合作展学，突破重点	1. 组织学生投票并按学生意愿分组 2. 出示课件，明确小组学习任务 写人组：借助前置性学习素材，围绕小伙伴的特点精选事例，并尝试用思维导图的形式呈现自己介绍小伙伴的思路（拍照上传电子书包），再与小组同学练习介绍小伙伴 写事组：确定中心，以思维导图的方式呈现小组的思路，再合作续编 3. 教师巡视，关注学生的学习活动，提醒拍照上传，物色有代表性的小组展示 4. 请不同选项的学生代表汇报，师生参与评价，以评促说（评价量规：特点是否鲜明，事例是否典型，介绍是否有条理）	1. 在电子书包投票选择学习任务 2. 小组围绕研学任务开展学习，各抒己见，集思广益 3. 各小组派代表展示汇报、评价 评价量规： 选项一，事例是否典型，是否突出小伙伴的特点 选项二，中心的确定、故事情节是否合理，前后的衔接是否自然 表达是否清晰、生动、有条理	1. 电子书包 2. 交互式白板 设计意图：为了突破重难点，课前，教师利用电子书包推送前置性学习任务，让学生提前积累习作素材，并利用平台良好的交互性开展师生、生生的交流。课中，在初步审清题意的基础上，推送微课，比较两个选项的异同，明晰习作方法，让学生自主选择内容与学习伙伴，以问题（任务）为导向开展自主、合作学习，以思维导图的方式引导学生围绕研学问题（任务）叙说人物、续编故事，推敲方法，并推选代表展示汇报。从说到写，以评促说，既突出以学生为主体，又凸显教师的引导、点拨作用，关注教学过程的生成，使学习活动引向深入，为学生顺利习作做好了铺垫

（续上表）

教学环节	教学内容	教师活动	学生活动	媒体资源及设计意图
课中： 多元导学 合作展学	活动四： 调整思路， 借招写作	1. 教师进行习作指导：可以在稿纸上写作，也可以直接在电子书包上写作 课件出示： 写人组（写一个片段，如重点写好外貌、写好一件典型的事例，也可以写全文） 续写组（小组合作续编，经过、结果选一完成，也可以写全文） 2. 教师巡视，提醒写好后拍照上传	1. 学生根据点评的建议，调整思维导图（习作提纲） 2. 学生根据自己的学习需要选择学习资源（微课或人物描写素材），开始习作之旅 3. 写完后浏览他人习作，给予点评	1. 电子书包 2. 交互式白板 设计意图：个性化学习理念强调最大程度地尊重和关注学生的个性差异，让学生有更多独立实践的学习机会，此环节，教师在电子书包素材库中精心准备了3个微课供学生自主选择，练写过程中学生可以随时根据需要在电子书包互动讨论区"人物描写资源库"中借鉴资源，充分尊重学生的个性差异，最大限度为不同层次学生的学习提供帮助，真正实现因材施教，有效地促进学生的个性化发展
	活动五： 习作展评， 总结反馈	1. 教师巡视指导并有意识地抽取2~3份完成得较好的与存在问题的习作以便在点评中深化指导 2. 教师点评：侧重书面语言的表达，精彩的语段或不足的地方	1. 分享作品，互相点评 2. 畅谈收获	1. 电子书包 2. 交互式白板 设计意图：在分享展示环节，教师先让完成得快的学生在线点评同学的习作，在全班习作展示点评中有意识地选取完成得较好与存在不足的作品，关注学生学习的基础与需求（小调查），借

（续上表）

教学环节	教学内容	教师活动	学生活动	媒体资源及设计意图
课中： 多元导学 合作展学	活动五： 习作展评， 总结反馈	3. 小结激励：学习有法，贵在得法。只要同学们仔细观察，精心构思，用情抒写，同学们笔下的小伙伴人物形象、友情故事就会成为读者难忘的记忆 4. 引导评价，畅谈收获，及时反馈学生学习情况（在电子书包反馈学生目标的达成情况）	1. 分享作品，互相点评 2. 畅谈收获	助点评，深化学生习作指导，让问题得以尽早尽快解决。为下一课时线上继续完成习作，修改习作做好铺垫。传统的教学往往把课堂反馈放在课后，不够及时，学生掌握与否不能马上知晓，而基于电子书包环境的学习，能借助电子书包强大的反馈功能，及时得知学生掌握情况。课堂尾声利用电子书包以及畅谈收获进行目标形成性评价，从学生投票及回答的情况，教师能及时得知学生目标达成情况，及时调整教学
课后： 深度导练 拓展悟学		出示课后作业套餐（选一项完成） 1. 继续把文章写完，可以拍照上传，也可以在电脑上录入后传到电子书包，小组成员互相评议，也可与父母、伙伴分享习作，请他们点评	1. 认真聆听，个性选择 2. 提出疑问，师生共同解决	电子书包 设计意图：充分利用电子书包的优势，布置课后作业套餐，引导学生把文章写完，上传到电子书包，利用电子书包分享学生习作，师生、伙伴间互相评议，营造良好的习作氛围，同时也为学生提供了展示作

（续上表）

教学环节	教学内容	教师活动	学生活动	媒体资源及设计意图
课后： 深度导练，拓展悟学		2. 有余力的选择另一个选项写一写。择优刊载于《六（3）班友情故事》《我的小伙伴》专刊 3. 开设"辅导答疑"栏目	1. 认真聆听，个性选择 2. 提出疑问，师生共同解决	品、交流互动的平台，使学生习作水平得以有效提升。基于个性化学习的理念，对于个别学生存在的疑惑与问题，引导学生借助"辅导答疑"栏目提出，师生线上共同解决学生遗留问题。关注每一个学生的学习状态与学习效能

板书设计：

```
 ┌──────────┐                                      ┌──────────┐
 │ 一两件事 │                                       │ 确定中心 │
 │ （精选） │                                       └──────────┘
 └──────────┘   ◄═══  写人 │写写我的小伙伴│ 写事（续写）  ═══►  ┌──────────┐
 ┌──────────┐                                       │ 合理想象 │
 │ 突出特点 │                                       └──────────┘
 └──────────┘                                       ┌──────────┐
                                                     │ 语言衔接 │
                                                     └──────────┘
```

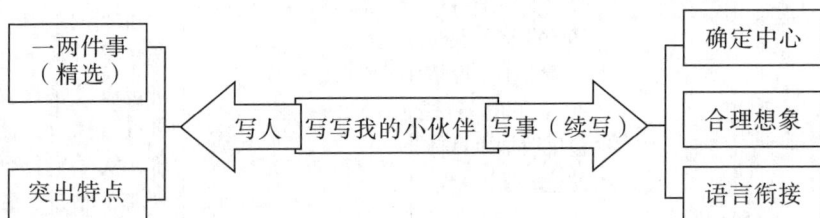

九、教学流程图

```
┌──────────┐      ┌──────────┐      ┌──────────┐
│   课前   │      │   课中   │      │   课后   │
│ 任务导趣 │ ───► │ 多元导学 │ ───► │ 深度导练 │
│ 自主研学 │      │ 合作展学 │      │ 拓展悟学 │
└──────────┘      └──────────┘      └──────────┘

┌────────┐ ┌────────┐ ┌────────┐ ┌────────┐ ┌────────┐
│活动一  │ │活动二  │ │活动三  │ │活动四  │ │活动五  │
│竞猜人物│ │审清题意│ │合作展学│ │调整思路│ │习作展评│
│，引入  │ │，明晰  │ │，突破  │ │，借招  │ │，总结  │
│话题    │ │得法    │ │重点    │ │写作    │ │反馈    │
└────────┘ └────────┘ └────────┘ └────────┘ └────────┘
```

（续上表）

以个性化学习理念、混合学习理念为指导，应用学校"三导三学"教学模式构建习作指导整体架构，通过课前任务导趣、自主研学，课中多元导学、合作展学和课后深度导练、拓展悟学，引导学生学会通过观察、交往等多种方法了解小伙伴的特点，掌握通过外貌、语言、动作、神态、心理来描写人物的方法，学会通过一两件事写出小伙伴的特点。运用新技术——电子书包，实现学生个性化学习，让学生在和谐友好的氛围中爱上写作，学会写作。

十、教学创新与亮点特色

"新技术"教育背景下，多样化信息技术手段在小学语文习作教学的融合运用，颠覆了传统的教学理念与学习方式。信息技术作为一种先进的学习工具，重新构建"教"与"学"的关系，打破封闭、单一的课堂形式，关注学生的个性化学习和综合性发展。借助互联网的海量资源、电子书包的实时交互性及及时反馈功能，打造开放而有活力的习作课堂，让学习更多元、更高效。本节习作指导课亮点如下：

1. 巧用技术让学习前置，诊断学情

课前，教师在电子书包推送前置性学习任务，引导学生提前积累习作素材，同时在电子书包平台中交流、学习。教师可通过学生课前研学反馈结果，诊断学生的学习起点，及时调整教学设计。

2. 巧用技术让学习多元，尊重个性

课中，教师向学生推送精心准备的3个微课，学生可以按照自己的喜好、薄弱点、困难处，自行选择学习，练写过程中学生也可以根据学习所需在电子书包互动讨论区"人物描写资源库"中借鉴资源。这样的教学充分尊重学生的个性差异，最大程度为不同层次学生的学习提供帮助，真正实现因材施教，有效地促进学生的个性化发展。

3. 巧用技术让反馈及时，精准讲评

传统的教学往往把课堂反馈放在课后，不够及时，学生掌握与否不能马上知晓，基于电子书包环境下的教学，因电子书包实时反馈功能，能及时掌握学生学习情况。课堂尾声的自我评价环节，对学生此节课学习进行评价，教师能及时得知学生目标达成情况，及时调整教学，精准讲评，打造高效的习作指导课堂。

十一、教学案例反思

从学生的个性化发展出发
——《写写我的小伙伴》习作指导教学反思

作文难，是学生普遍存在的看法。此次习作为二选一，表面看上去比较灵活，但每个选项又有新的要求，例如选项一，通过一两件事情写出小伙伴的特点，选择什么事突出小伙伴的特点？对六年级的学生来说有一定难度。选项二是在既定的事情下续写，中心的把握、上下文的衔接是习作指导需要突破的难点。如何突破习作的重难点？我以个性化学习理念、混合学习理念为指导，以"三导三学"教学模式构建习作指导整体架构，大胆地尝试运用新技术——电子书包，实现学生个性化学习，取得良好的习作教学效益。

（续上表）

1. 游戏导入，激发兴趣：未成曲调先有情

"课伊始，趣已生"是课堂教学极力追求的。成功的教学导入能充分调动学生的思维、想象、兴趣、情感、意志等因素，形成最佳心理状态，产生写作欲望。本环节通过"猜猜他是谁"游戏以及现场采访，在与学生活动、对话的过程中渗透介绍任务的方法并揭示本节课的任务。一个小小的游戏让学生在轻松愉悦的气氛中进入习作学习，既激发了学生学习的兴趣又揭示了习作的话题，达到未成曲调先有情，开门见山入正题的效果。

2. 微课引路，学法导说：要把金针度与人

此次习作有两个选项可供学生选择，在教材的编写上体现对学生的尊重，但是在传统的课堂中指导起来难度较大，主要的问题是时间不好安排。借助微课能在极短时间让学生明晰两个选项的要求及方法，既尊重了学生又赢得宝贵的课堂时间，达到事半功倍的效果。学生习得习作方法后，自主选择学习伙伴，开展合作学习，可以随时根据需要借助课前准备的小伙伴名片素材说人物、编故事，既突出以学生为主体，又凸显教师的引导、点拨作用，在师生活动中为下一阶段的习作做了很好的铺垫。

3. 调整思路，借招写作：吹面不寒杨柳风

个性化学习理念强调最大程度地尊重和关注学生的个性差异，让学生有更多独立实践的学习机会，此环节，教师精心准备了3个微课供学生自主选择，学生可以按照自己的喜好、薄弱点、困难处，自行选择学习，随后，引导学生试着运用学到的小妙招，自行选择一个侧重点练写，练写过程中学生可以随时根据需要在电子书包互动讨论区"人物描写资源库"中借鉴资源，充分尊重学生的个性差异，最大程度为不同层次学生的学习提供帮助，真正实现因材施教，有效地促进学生的个性化发展。

4. 变格创新，尊重个性：映日荷花别样红

本节习作指导课，教师借助新技术下的电子书包平台，打破传统习作教学的常态，尊重学生个性，实施混合学习。其教学措施主要表现在：①前置性学习任务的推送，让学生以拍照、绘画、制作小伙伴名片的形式聚焦小伙伴的特点以及给自己留下深刻印象的事情。②共建共享习作素材库，课前，让学生收集阅读中积累的人物描写素材，包括外貌、语言、神态、心理、动作等方面的精彩语段，并上传到电子书包互动讨论区。课中，让学生自行选择一个侧重点练写，学生可以根据需要参考"人物描写资源库"中的素材进行习作。③适时推送微课资源供学生选择，教师精心准备了2个微课（《写人与写事》《人物外貌描写我有招》），学生根据学习需要各取所需。学生在简短精悍的微课中习得习作妙招，畅所欲言，为执笔习作奠定良好基础。④充分展评、及时反馈。引导学生借用妙招中学会的方法，选择感兴趣的一个侧重点写一个片段，可以直接在电子书包互动讨论区发帖，也可以在稿纸上写好拍照上传。教师巡视，随时关注需要帮助的学生，给予适时、适度的指导，随时关注学生上传的帖子，及时点评。指导课结束时利用电子书包评价反馈功能以及畅谈收获进行目标形成性评价，使教师能第一时间掌握学生情况，及时调整教学。⑤布置课后作业套餐，充分体现尊重学生的个体差异，让不同的学生有不同的选择。学生完成习作后，借助电子书包平台展示、分享学习成果，学习有困难的学生也可以在"辅导答疑区"提出来，师生线上共同解决遗留问题。以上的设计，充分尊重学生，给予学生便捷友好的支持与帮助，更好地促进学生个性化的学习与成长。

（续上表）

总之，电子书包环境下的习作指导能实现课堂的翻转，打破时空的限制，有效地连接传统课堂与虚拟课堂，最大程度地为不同层次学生的学习提供帮助。尊重学生的自主选择，关注每一个生命个体的发展，力求实现因材施教，有效地促进学生的个性化发展。
十二、案例推广办法与经验总结
1. 参加 2017 年番禺区基于新技术支持下个性化学习的课堂教学大赛（复赛），获一等奖。 　　2. 参加 2016—2017 年度"一师一优课、一课一名师"活动，获部级优课。 　　3. 2019 年 10 月 18 日被"学习强国"广东学习平台"中小学教育"栏目选载，截至 2022 年 10 月 4 日，播放量 48 536，点赞 478。

【课例2】

管弦乐组曲《动物狂欢节》之《终曲》

学校名称	广州市番禺区市桥沙墟一小学	执教老师	邓艳红
涉及学科	音乐	教学对象	小学四年级学生
教材版本	花城版	课时数	1 课时
学段	□学前教育　□特殊教育　☑小学　□初中　□高中		
主题类别	☑单学科大单元　□跨学科大单元　□其他		
教学环境	□智慧学习环境　☑多媒体教学环境　□混合学习　□其他		
学习空间	教学设备	□投影　☑一体机　□交互式白板　□笔记本 ☑平板电脑　□录播　□其他	
	学生设备	☑人手一台　□小组一台　□同桌一台　□没有设备	
	桌椅模式	□单人单桌矩阵　□双人同桌矩阵　☑小组式圆桌矩阵	
一、案例设计背景与目的			
随着"互联网＋"、大数据时代的到来，信息技术正在突破学习围墙。本课是在番禺区"智慧教育"背景下，教师探索信息技术与音乐欣赏课堂教学的深度融合，结合以学生为主体的自主、合作、探究、创作的音乐欣赏四部曲教学模式的一个音乐课例。针对小学音乐欣赏教学，利用电子书包，扩充了教学容量，丰富了教学手段和资源，建立了师生平等双向交流机制，突出了学生在音乐学习中的主体地位。通过信息技术与小学音乐欣赏教学的有效整合，调动学生热情参与音乐体验的积极性，激发学生的创新意识和创造能力，增强音乐素质，提高核心素养。			

（续上表）

二、教学理念（如基于问题的学习、个性化学习、探究性教学、分层教学等）
在我区"智慧教育"背景下，不断探索信息技术与音乐欣赏课堂教学的深度融合，形成以学生为主体的自主、合作、探究、创作的音乐欣赏四部曲教学模式。借助电子书包开展前置性学习自主聆听学唱乐曲主题，利用论坛（互动讨论区）交流聆听感受，探讨音乐要素与音乐形象的关系；在课中加深感受乐曲主题并分析乐曲结构，运用电子书包功能软件个性化学习、即兴模仿，并使用生成性情景创作表演《终曲》；课后继续拓展探究相关音乐活动等。通过引导学生有自信有感情地表现与创造音乐，借助新技术开展个性化学习，丰富音乐表现形式与手段，既发展学生的表演潜能及即兴创造潜能，又在音乐实践活动中提升学生的音乐欣赏能力，使学生享受美的愉悦与情感的熏陶。
三、教材与教学内容分析（划分知识点）
管弦乐组曲《动物狂欢节》是作曲家夏尔·卡米尔·圣－桑在51岁时以天真的童心、奇妙的幻想写成的一部幽默音画。这部由两架钢琴、9件管弦乐器弹奏的室内乐曲，是夏尔·卡米尔·圣－桑把乐坛上一些名作主题，以及自己作品的主题，融于曲内，夸张变形，写出的14段以动物为主角的幻想曲。这部作品形象生动、音响绚丽，由13首标题乐曲和1首终曲组成。本章欣赏组曲中的5首标题乐曲和1首终曲，其中5首标题欣赏安排在第一、二课时，本堂课欣赏《终曲》为第三课时。
四、教学目标（三维目标分类或学科核心素养分类）
1. 情感、态度、价值观目标：调动学生对动物的喜爱之情，融入狂欢节气氛中，积极主动参与欣赏乐曲，加深对乐曲的体验与感知，在活动中提升学生的音乐欣赏能力。 　　2. 过程与方法目标：利用电子书包通过自主探索、小组合作、律动创编、情景表演等方法感受乐曲与结构。 　　3. 知识与技能目标：通过讨论、分析音乐要素感知乐曲体现的音乐动物形象，用合作的方式模仿、扮演乐曲中出现的动物，对自己和他人的表演做出简单的评价。
五、教学重难点
教学重点：欣赏管弦乐组曲《动物狂欢节》之《终曲》，感受并分析曲式结构，了解音乐要素对音乐形象塑造的作用。教学难点：运用电子书包功能软件进行模仿、创编乐曲中的动物形象并参与表演。

（续上表）

六、学习者特征分析
小学四年级学生生活范围和认知领域进一步扩展，体验感受与探索创造的活动能力增强。在之前两个课时里学生已经欣赏《动物狂欢节》组曲中5首标题乐曲，具备了听辨乐曲做动物模仿，对乐曲进行音乐要素分析等基本能力，能够较熟练地运用与操作电子书包。

七、教学环境、工具及资源准备（包括硬件环境和软件资源）
教学环境：市桥沙墟一小学四（2）班，班上学生能熟练操作电子书包平台、打击乐器软件、钢琴软件等进行课堂互动。本次课例采取小组的座位模式，学生小组合作氛围融洽。 　　技术工具、平台、资源：交互式白板、平板移动终端。

八、教学活动设计（一个课时）

教学环节	教师教的活动	学生学的活动	教与学的评价手段运用	设计意图
导入阶段	1. 播放《终曲》 2. 导入并出示研学问题	1. 听音乐进教室 2. 回顾课前研学讨论	课前，在电子书包互动讨论区开展师点评，生生互评	运用电子书包优势，课前推送自学任务，并引导学生互评，培养学生主动求知的习惯
展开阶段	聆听乐曲，感受分析 （一）复习主题，加入律动 1. 出示《终曲》主题图谱，引导学生用电子书包复习哼唱，讨论乐曲主题情绪 2. 检查学生的自学情况 3. 邀请学生一起为主题音乐加狂欢节舞蹈律动	（一）复习主题，加入律动 1. 用电子书包复习哼唱乐曲主题，并结合音乐要素，说说乐曲主题情绪 2. 小组汇报自学情况。 3. 跟随教师律动，感受主题音乐狂欢气氛	生自评互评师点评	通过分析音乐要素体会作曲家表现意图

（续上表）

教学环节	教师教的活动	学生学的活动	教与学的评价手段运用	设计意图
展开阶段	（二）聆听全曲，初步分析 1.播放全曲律动表演主题，提醒生感受主题出现次数 2.引导学生回想主题出现几次，自主聆听有什么不同 3.探讨并初步分析曲式结构	（二）聆听全曲，初步分析 1.聆听全曲律动表演主题，感受主题出现次数 2.回想主题在乐曲中出现几次，自主聆听并探讨主题有什么不同 3.师生探讨并初步分析曲式结构	生生互评	利用电子书包多元性功能引导学生参与音乐聆听活动，促进学生个性发展
	（三）感受曲式，深入欣赏 1.设疑聆听，细品乐曲 ①请学生寻找曲式结构中的其他乐段部分，思考并与主题乐段进行比较 ②师生探讨分析 B 乐段的音乐要素	（三）1.设疑聆听，细品乐曲 ①借助电子书包寻找其他乐段部分，并与主题乐段做比较 ②探讨比较 B 乐段，分析音乐要素，猜猜乐曲模仿表现的是什么动物		采用多种途径体验音乐结构，丰富音乐表现手段，加深音乐欣赏感知
	2.多元欣赏，探索创编 ①揭开答案，提供微课，启发学生认识感受动物主题音乐形象——骡子 ②引导学生自主听辨并为乐段 B 创编骡子音乐动物形象 ③请小组代表展示创编律动 ④学生自评，师点评提高，全班集体表演 B 乐段	2.多元欣赏，探索创编 ①用电子书包听辨微课，认识感受动物主题音乐形象——骡子 ②用电子书包自主听辨，小组合作探讨骡子在干什么，结合音乐要素创编表现 B 乐段中骡子形象 ③小组代表展示创编动作 ④全班集体表演 B 乐段	生自评互评师点评提高	通过微课资源拓宽视野，培养学生自主学习能力，把学习的主动权还给学生 通过组织学生自主、合作探究，培养学生的创新精神，有效促进学生个性化发展

（续上表）

教学环节	教师教的活动	学生学的活动	教与学的评价手段运用	设计意图
拓展阶段	（四）拓展生成，综合表演 1. 营造狂欢气氛，邀请学生情景表演 ①情景代入，营造狂欢节气氛，结尾乐段请学生扮演小动物参加狂欢节 ②启发学生探索伴奏 2. 综合表演《终曲》 ①尝试合奏表演结尾乐段部分 ②师点评提高 ③完整表演	1. 营造狂欢气氛，进行情景表演 ①感受狂欢节气氛，学生想象并参与扮演 ②学生集体探索运用电子书包打击乐器与实物小乐器为结尾乐段伴奏 2. 综合表演《终曲》 ①尝试合奏表演结尾乐段部分 ②学生自评互评 ③完整表演，体会狂欢节气氛		让生通过多种音乐手段进行二度音乐创作，丰富音乐表现方式 引导学生通过情景表演，加深感受曲式结构，提高音乐欣赏能力
结束阶段	（五）总结延伸，课后拓展 1. 采访式引导学生总结收获 2. 出示课后评价与拓展探究问题	1. 谈收获 2. 课后评价自我与小组表现，继续探索聆听组曲其他动物音乐主题，创编《动物狂欢节》小故事		利用电子书包平台进行多功能评价，丰富课堂评价手段 运用电子书包进行拓展性学习，引导学生运用多种方式提高音乐欣赏能力

板书设计：

终曲

引子 + 主题 A + B + 主题 A + 尾声

（续上表）

九、教学模式

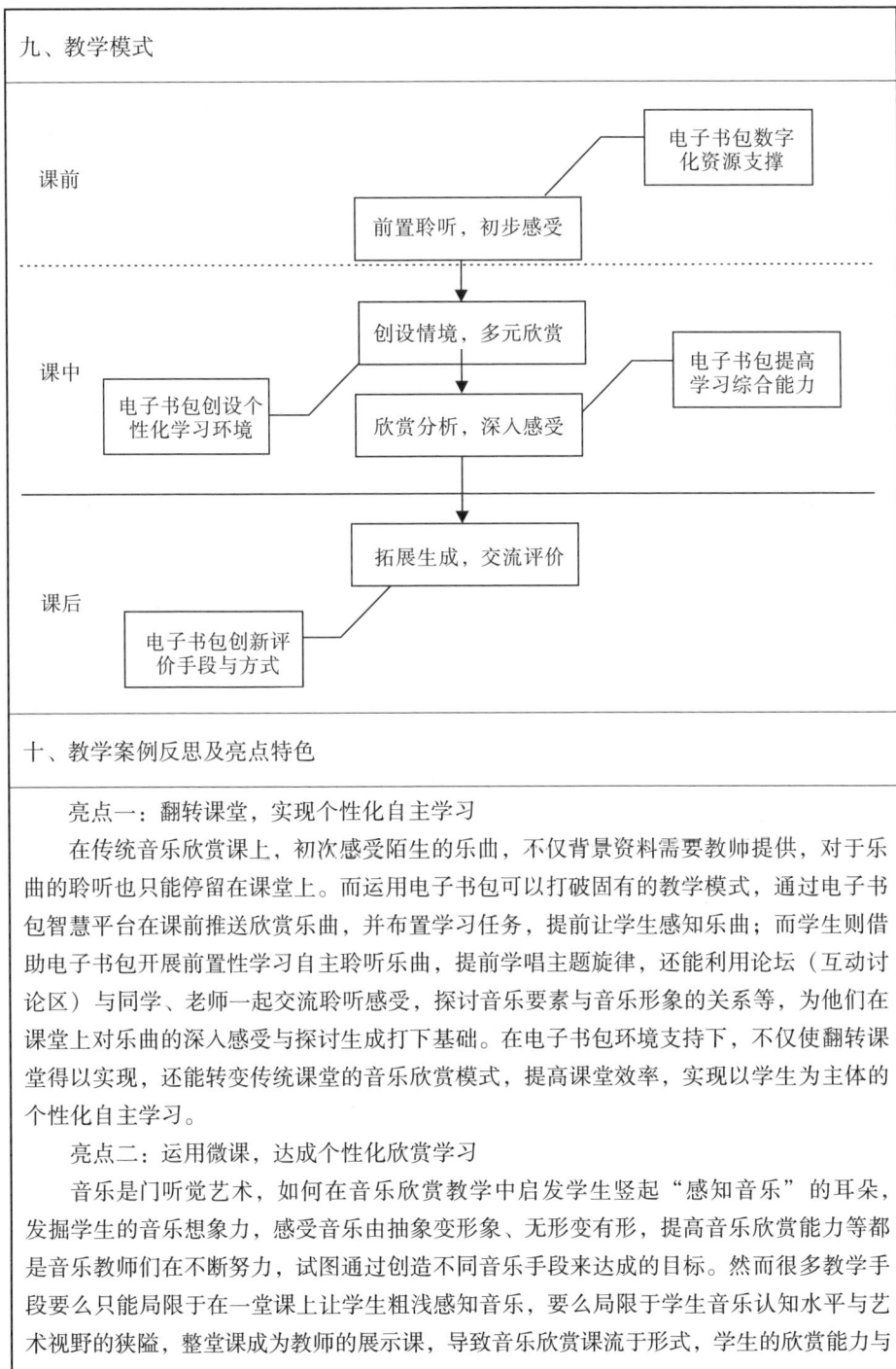

课前　前置聆听，初步感受　电子书包数字化资源支撑

课中　创设情境，多元欣赏　欣赏分析，深入感受　电子书包创设个性化学习环境　电子书包提高学习综合能力

课后　拓展生成，交流评价　电子书包创新评价手段与方式

十、教学案例反思及亮点特色

亮点一：翻转课堂，实现个性化自主学习

在传统音乐欣赏课上，初次感受陌生的乐曲，不仅背景资料需要教师提供，对于乐曲的聆听也只能停留在课堂上。而运用电子书包可以打破固有的教学模式，通过电子书包智慧平台在课前推送欣赏乐曲，并布置学习任务，提前让学生感知乐曲；而学生则借助电子书包开展前置性学习自主聆听乐曲，提前学唱主题旋律，还能利用论坛（互动讨论区）与同学、老师一起交流聆听感受，探讨音乐要素与音乐形象的关系等，为他们在课堂上对乐曲的深入感受与探讨生成打下基础。在电子书包环境支持下，不仅使翻转课堂得以实现，还能转变传统课堂的音乐欣赏模式，提高课堂效率，实现以学生为主体的个性化自主学习。

亮点二：运用微课，达成个性化欣赏学习

音乐是门听觉艺术，如何在音乐欣赏教学中启发学生竖起"感知音乐"的耳朵，发掘学生的音乐想象力，感受音乐由抽象变形象、无形变有形，提高音乐欣赏能力等都是音乐教师们在不断努力，试图通过创造不同音乐手段来达成的目标。然而很多教学手段要么只能局限于在一堂课上让学生粗浅感知音乐，要么局限于学生音乐认知水平与艺术视野的狭隘，整堂课成为教师的展示课，导致音乐欣赏课流于形式，学生的欣赏能力与

（续上表）

相关素养提高不明显。但是在电子书包环境支持下，课前教师推送乐曲微课便于学生个性化聆听，学生能提前感受乐曲；课中教师根据教学需要推送音乐片段微课，在课堂中启发学生通过多次聆听分析乐曲结构与音乐要素，让不同学习程度的学生通过自主、个性化的学习加深对乐曲的感知与理解，遵循听觉规律；同时还通过微课《骡子》的推送弥补学生认知局限，更好地开阔生活视野。在电子书包环境支持的音乐课堂中，学生们借助微课来进行个性化聆听与思考，并通过小组合作以及个性化探究，最后达成生成性的乐曲《动物狂欢节》之《终曲》的综合表演，深化了学生对音乐艺术的理解，增加了本堂音乐课学习内容的厚度和宽度。

亮点三：新技术应用，为个性化课堂提供可行性

音乐欣赏教学是一个艺术实践过程，需要积极引导学生参与演唱、演奏、聆听等综合性艺术表演及即兴编创各项音乐活动，而学生在艺术实践过程中的个性化表现与生成往往会被忽视，不利于学生音乐教育个性化发展与素养提高。使用电子书包这一优化数字化学习环境、共建共享优质教育资源、践行终身学习理念的利器，可与小学音乐欣赏教学有效整合与深度融合，为个性化课堂提供可行性。课前学生借助电子书包开展个性化自主学习聆听、学唱乐曲主题，利用论坛（互动讨论区）交流各自聆听感受，探讨音乐要素与音乐形象的关系；在课中加深感受乐曲主题并分析乐曲结构，运用电子书包功能软件（极品钢琴、小乐器）进行个性化学习、即兴模仿，并用生成性情景创作表演《终曲》；课后继续个性化拓展探究相关音乐活动等。在本课中，学生不仅用电子书包实现真正的自主学习，成为个性化学习的主体，而且在电子书包环境支持下，不同音乐基础的孩子能够时时、处处得到音乐审美教育，拓宽了学习深度与广度，使得音乐教育的个性化和差异化得以实现。同时电子书包利于在师生中建立平等双向交流机制，比如通过"互动讨论区"实现有效教学评价机制：如课前自学环节师生点评能促进学生结合音乐要素感知《终曲》；课中教师拍照收录点评学生的音乐动物形象表演，能引导基础不同的学生自信有感情地进行音乐表现与创造，激发学生的表演潜能及即兴创造潜能；课后投票评价最佳个人与小组，促进了学生自我认识与个性化发展。新技术应用使学生在音乐课堂中发挥个性化学与教，凸显主体地位和作用。

十一、案例推广办法与经验总结

1. 2016 年 11 月 11 日音乐课例《动物狂欢节》参加"一师一优课、一课一名师"活动广东省"互联网教研"启动仪式暨现场课例展示。

2. 2016 年 12 月 17 日在顺德乐从参加全国中小学高效课堂成果展示现场课例展示获优秀奖。

3.《动物狂欢节》在 2016 年番禺区教育局关于举办基于新技术支持下个性化学习的课堂教学大赛中荣获区一等奖。

4. 课例管弦乐组曲《动物狂欢节》之《终曲》被评为教育部 2016—2017 年度"一师一优课、一课一名师"活动"部级"优课。

5. 课例名曲鉴赏《动物狂欢节》之《终曲》在清华大学《多媒体与网络教学学报》2017 年第 1 期发表。

【课例3】

找规律

学校名称	广州市番禺区市桥沙墟一小学	执教老师	卢焕弟
涉及学科	数学	教学对象	小学一年级学生
教材版本	人教版	课时数	1 课时

学段	☐学前教育　☐特殊教育　☑小学　☐初中　☐高中
主题类别	☐单学科大单元　☐跨学科大单元　☑其他
教学环境	☐智慧学习环境　☑多媒体教学环境　☐混合学习　☐其他

学习空间	教学设备	☑投影　☑一体机　☑交互式白板　☐笔记本 ☐平板电脑　☐录播　☑其他
	学生设备	☑人手一台　☐小组一台　☐同桌一台　☐没有设备
	桌椅模式	☐单人单桌矩阵　☑双人同桌矩阵　☐小组式圆桌矩阵

一、案例设计背景与目的

　　《小学数学新课改教学论》中说到，在小学数学课堂教学中，教师要引进新型的教学理念，充分发挥现代科技的重要作用。在教育信息2.0时代，沙墟一小学作为广东省中小学教师信息技术应用能力提升工程2.0试点校，教师如何合理地运用信息技术，辅助课堂教学，真正提高教学效率，实现信息技术与教学的深度融合，是沙墟一小学需要研究的主题。

　　基于番禺区研学后教3.0版"融·乐"课堂的教学理念，沙墟一小学继续践行"三导三学"教学模式，促进学生学习方式的转变，提升学生的学习能力。

　　本案例借助智慧卡的数据反馈，及时、全面地了解学生对知识掌握情况，准确诊断学情，实施精准教学，提高课堂效率，把有效课堂推向优效课堂。

（续上表）

二、教学理念（如基于问题的学习、个性化学习、探究性教学、分层教学等）
1. 课堂教学要"以人为本，以学生发展为本"，要着眼学生基本数学素养的全面提高。学生是学习的主体，教师是学习的组织者、引导者和合作者，教师应引导学生生动活泼、主动和富有个性地学习，创设情境、激发学生热情，使学生主动参与、乐于探究、合作交流。   2. 课堂教学要关注学生的学习结果，更要关注学生的学习过程，合理利用现代化教学手段提高学生的学习兴趣，提高教学效率，创建高效的数学课堂，落实"双减"。
三、教材与教学内容分析（划分知识点）

本课时是人教版《数学》一年级下册第七单元的第一课时。探索规律作为在小学数学教学中主要渗透的函数思想之一，是隶属于《义务教育数学课程标准（2011）》中"数与代数"领域的正式教学内容，在第一学段和第二学段都有要求。其中第一学段要求学生"探索简单情境下的变化规律"，并以两个例子进行了说明，同时结合例子分析了对学生的具体要求。从例子及分析中可以看出，第一学段的探索规律实际上就是培养学生的"模式化"思想，发现"规律"就是发现一个"模式"，并能运用多种方式表达模式的特点。不仅强调能够发现规律，也强调对于规律的表征、强调对规律的运用（由前一项得到最后一项）。
    为了体现课程标准的理念，教材从一年级上册就开始渗透探索规律的内容，如：通过 1 个 1 个，2 个 2 个，5 个 5 个地数数，让学生体验、发现并描述数数过程中的规律；通过整理 20 以内加法表，让学生探索计算中的规律；在认识图形中，也渗透了最简单的图形排列规律。在一年级下册中的"认识图形（二）""100 以内数的认识"等单元中，也渗透了探索规律的内容，并设置了"找规律"单元进行教学。
    具体来说，"找规律"可以从许多角度（概念）进行，如颜色、数量、大小、形状、数字关系、方向及其他性质等，而发现规律的"核心"有助于儿童开始意识到规律。有些规律的"核心"是重复的（如例 1 中的"黄旗、红旗"，例 2 中的"2、3""1、3"等），有些规律的"核心"则是发展的。本节课主要让学生学会寻找简单图形的排列规律，为后面课时的学习打好基础。

四、教学目标（三维目标分类或学科核心素养分类）

根据新课标的要求及教材的特点，以"学生的全面发展"作为标准，从"知识与技能，过程与方法，情感、态度与价值观"三个维度确定如下教学目标：
    1. 知识目标：让学生通过观察、操作、猜测、推理等活动发现事物中简单的排列规律，初步学会根据规律推测下一个物体。
    2. 能力目标：培养学生初步的观察能力、分析能力、推理能力和创新能力。
    3. 情感目标：培养学生探索数学问题的兴趣，使学生感受规律在生活中的应用，初步培养学生发现和欣赏数学规律美的意识。培养学生的合作意识和人际交往能力，获得成功的情感体验。

（续上表）

五、教学重难点
根据教材分析和学生已有的知识水平，确立本节课教学的重难点： 1. 教学重点：初步理解规律的含义，掌握找规律的基本方法。 2. 教学难点：能够表达发现的规律，并会运用规律解决一些简单的问题。

六、学习者特征分析
学习者对于规律已有初步的感知基础，他们生活中已经多多少少接触到了一些规律性的现象，只是没有把它作为专项知识进行学习和研究，还没有上升到理论的角度。课堂上教师想办法引领学生从数学的角度探索、领悟、创造规律，将是本节课的重点。

七、教学环境、工具及资源准备（包括硬件环境和软件资源）
技术工具、平台、资源：多技术融合环境、希沃授课助手、知好乐互动平台、智慧卡。

八、教学活动设计（一个或多个课时）

教学环节	教学内容	教师活动	学生活动	媒体资源及设计意图
激趣导学，感悟规律	初步感悟规律	PPT 出示两组数（停留约5秒）： ①234 234 　234 234 ②132 547 　642 397 为什么第一组数那么多同学记得住，第二组数却没有几个同学能记住呢？	观察、记忆、汇报，思考为什么第一组数那么多同学记得住，第二组数却没有几个同学能记住	多媒体课件 设计意图：激发学生的好奇心和学习兴趣，让学生产生追求掌握知识的精神力量，初步感悟规律

（续上表）

教学环节	教学内容	教师活动	学生活动	媒体资源及设计意图
认识新知	认识规律的一般特征	用微课引出主题图，让学生观察图中的彩旗、彩花、灯笼和小朋友的排列规律，引导学生用数学语言"一组""重复出现"表述发现的规律	自主观察主题图，小组合作研究学习，找出图中的彩旗、彩花、灯笼和小朋友的排列规律；互动交流并进行小组汇报	多媒体课件、微课 设计意图：通过多媒体演示，让学生在观察中发现规律，引导学生用数学语言表述发现的规律，提高学生的语言表达能力，突破教学重难点
自主探究，合作交流	体会规律的多样性	让学生从图形的颜色变化、形状变化以及动作变化中找规律、掌握找规律的方法，体会规律的多样性	自主学习，小组合作探究，通过圈一圈、说一说、画一画等活动掌握找规律的方法	多媒体课件、微课 设计意图：引导学生自主探究，掌握找规律的方法，体会规律的多样性，并进一步强化训练
深入思考，提升能力	应用规律，解决问题	组织学生完成练习，及时巩固新知和应用知识解决问题	利用电子书包"智慧卡"进行课堂检测，实时精准掌握学生对新知识的学习情况，提升学习效果	电子书包"智慧卡" 设计意图：融合信息技术，提高学情检测的效率，便于教师及时调整后教策略，实施精准教学
联系生活，感受规律，感悟数学源于生活	联系生活，感受规律，感悟数学源于生活	组织学生观看微课，感受生活中的规律和规律的美	找找日常生活中的有规律的事物，生生交流，师生交流	多媒体课件、微课 设计意图：使学生感受规律在生活中的应用，培养学生发现和欣赏数学规律美的意识，感悟数学源于生活
巩固应用，深度导练	自主设计，创造规律	组织学生独立设计、创造规律	运用知识，通过摆一摆、画一画设计、创造规律。	希沃授课助手 设计意图：进一步深化对知识的掌握，培养学生的创新能力

（续上表）

教学环节	教学内容	教师活动	学生活动	媒体资源及设计意图
归纳总结，交流心得	总结评价	总结本节课所学知识	分享收获	设计意图：使学生感悟收获的喜悦

九、教学流程图

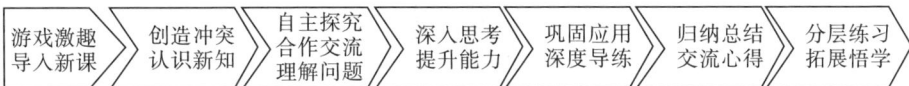

游戏激趣导入新课　创造冲突认识新知　自主探究合作交流理解问题　深入思考提升能力　巩固应用深度导练　归纳总结交流心得　分层练习拓展悟学

十、学习评价设计

本课例利用双课堂智慧卡对学生学习过程进行过程性学习评价：

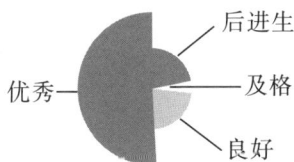 学生学习成果分析　　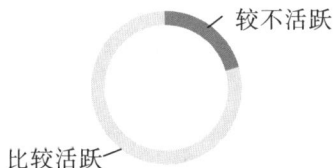 学生交互程度分布

后进生
优秀　　及格
良好

较不活跃
比较活跃

整体分析

89.2
课堂参与度

69.1
课堂交互度

63.6
课堂目标达成度

"其中沙墟学生25，沙墟学生26，沙墟学生27的参与度较高"

"其中沙墟学生25，沙墟学生26，沙墟学生27的交互度较高"

"其中沙墟学生25，沙墟学生26，沙墟学生29的课堂任务达成度较高"

本堂课学生表现不错哦

（续上表）

十一、教学创新与亮点特色
1. 研学检测时借助智慧卡的数据反馈，及时、全面了解学生的知识掌握情况，准确诊断学情，实施精准教学：

（续上表）

2. 利用智慧卡对学生学习过程进行过程性数据采集。

十二、教学案例反思

"探索规律"作为在小学数学教学中主要渗透的函数思想之一，是隶属于课程标准中"数与代数"领域的正式教学内容，在第一学段和第二学段都有相应的教学要求。本节课是人教版小学《数学》一年级下册第七单元"找规律"第一课时，主要让学生学会寻找简单图形的排列规律，为后面课时的学习打好基础。由于学生对于规律已有初步的感性基础，他们生活学习中或多或少已经接触到了许多有规律的现象，如昼夜、四季有规律的交替，只是他们还不会用数学的眼光及语言去观察和描述这些现象，因此，课堂上老师除了利用好教材上的相关素材，还要结合学生的生活经验，想办法引导学生从数学的角度去观察、探索、描述、欣赏规律，让学生在美的感受中学习有趣的数学。一年级的学生注意力集中时间短，精神容易分散，语言表达不完整。因此，本节课教学中教师较为注重加强直观教学，提高数学学习趣味性，强化语言表达训练。本节课采取了独立思考、合作探究、小组交流的学习方式进行教学。

反思教学活动的整个过程，有以下几点是做得较好的：

（一）技术赋能，精准教学

课程标准中说到，教师要合理利用现代化信息技术，为学生提供丰富的学习资源，设计生动的教学活动，促进数学教学方式方法的变革，真正提高教学效率，实现信息技术与数学课程的深度融合。在本节课上，教师分别在以下几个环节借助信息技术辅助教学：一是课程开始及课程后期之时，教师分别制作了学生喜欢的《联欢会》和《生活中的规律》微课来引入主题及介绍生活中有规律的事物。使用微课可以使课堂更生动，更能吸引孩子的注意力，提高学生的学习兴趣，从而提高教学效果；二是在研学检测时借助智慧卡的数据反馈，及时、全面地了解学生对知识的掌握情况，准确诊断学情，有利于教师及时调整后教策略，实施精准教学；三是在学生创造规律环节时，教师利用希沃授课助手及时分享孩子的作品，大大提高教学效率。

（续上表）

（二）践行沙墟一小学"三导三学"教学模式，促进学生学习方式的转变，提升学习能力

1．"导趣"引入，促学生"乐学"。

课程一开始教师设计了记忆力大比拼，让同学在游戏中初步感悟规律。游戏的设计能迅速吸引学生的注意力，激发孩子的学习热情，大大提高学习的积极性。

2．课中"导学"，促学生"善学"。

课程倡导自主合作的学习方式，让学生真正成为学习的主人。在这一理念的指导下，在课堂上教师把学习主动权交给学生，充当一个组织者和引导者。教师以学生喜欢的联欢会为引子，设计了"认识规律—找规律—用规律"等活动，层层推进，让学生通过讨论、猜测、开口说一说、动手画一画等活动，在自己喜欢的实践活动中探究、发现事物的规律，培养学生初步的观察、概括、推理能力及动手能力，激发创新意识，加强学生的合作意识。

3．课后"导练"，促学生"活学"。

课程的后半段，教师设计了"找找生活中的规律—动手创造规律"活动，让学生根据所学，找找生活中的规律，让学生感悟数学来源于生活，又高于生活。最后让学生灵活运用课堂所学知识动手设计自己的规律，做到活学活用，使知识进一步升华。

当然，这节课还有不少缺憾值得反思：①教师掌握的信息技术还很有限。②教学的"导学"环节还没有处理得很好，一年级学生小组讨论的氛围不足。所以教师应继续探索更多的信息技术与教学深度融合的有效策略，把有效课堂推向优效课堂。

十三、案例推广办法与经验总结

本课例通过番禺区教研活动进行推广，得到与会教师及区领导的一致好评。本课例在 2021 年广东省中小学教师信息技术应用能力提升工程 2.0 教学创新精品课例评比中荣获一等奖并得以推广。

【课例4】

过障碍物前滚翻

学校名称	广州市番禺区市桥沙墟一小学	执教教师	欧少荣
涉及学科	体育与健康	教学对象	小学三年级学生
教材版本	人教版	课时数	1课时
学段	□学前教育　□特殊教育　☑小学　□初中　□高中		
主题类别	☑单学科大单元　□跨学科大单元　□其他		
教学环境	□智慧学习环境　☑多媒体教学环境　□混合学习　□其他		
学习空间	教学设备	□投影　□一体机　□交互式白板　☑笔记本 ☑平板电脑　□录播　□其他	
	学生设备	□人手一台　☑小组一台　□同桌一台　□没有设备	
	桌椅模式	□单人单桌矩阵　□双人同桌矩阵　☑小组式矩阵	

一、案例设计背景与目的

　　本课是2022年版《体育与健康》三年级下册《前滚翻》的第二课《过障碍物前滚翻》。第一课复习巩固了二年级学习过的前滚翻基本动作技术并通过电子书包进行同伴展示。第二课是前滚翻技能学习的进一步拓展和运用，学生结合自身所学的知识观看展示、参加比赛，增加自信和积极参与体育运动的兴趣，培养学生勇敢、机智、果断、不畏困难和互相帮助的优良品质。

二、教学理念〔如基于问题（自主）的学习、合作学习、探究性学习、分层教学与评价等〕

（续上表）

　　本课教学践行了番禺区研学后教 3.0 版"融乐教育"理念，借助多种信息技术实施沙墟一小学的"三导三学"精准教学模式。

　　首先，课前进行问题导向：教师以粤教翔云数字教材应用平台 2.0 及智慧卡为媒介，提前推送课前资源，完成"互联网小调查"，让学生提前进行自主研学。教师通过学生课前研学反馈结果，诊断学生掌握动作技能情况，及时调整教学进度和方案。

　　其次，课中引导学生开展合作研学，大胆尝试，积极探究。学生在小组讨论交流中选择不同难度的障碍物进行尝试并确定适合自己组别的学习任务，同时将个人以及小组单个或组合动作借助粤教翔云数字教材应用平台 2.0 推送视频资源，让学生分小组进行实时讨论评价并提出问题，借助 C30 智能教学，展示讲解动作技术的重点、难点，让学生在讨论、分享的过程中体会到运动的乐趣。小组合作学习能增强学生学习的动力，给学生创造更多交流的机会，充分体现了学生在体育课堂学习中的主体性。学生在完成组合动作并上传视频展示过程中增强了自信心，提升了学习兴趣。在小组展示评价时，引导学生学会观察、倾听和思考，尊重同伴，敢于补充自己的意见或提出不同的见解。在学生进行"创编组合动作"游戏时，运用电子书包倒计时功能营造紧张刺激的课堂气氛，在遵守游戏规则前提下充分发挥学生灵敏反应能力，使课堂学习气氛再次进入高潮；在学生汇报分享时，运用电子书包点评功能，实现了对学生学习情况的伴随式评价。通过小组动作技能展示汇报、趣味竞赛等形式，活跃了课堂气氛，调动了学生学习的主动性。让学生不知不觉地掌握与运用基本运动技能、体能、专项运动技能，锻炼了运动意识与习惯，并体现了积极进取、勇敢顽强、尊重对手、文明礼貌等优秀品质。

　　课后引领学生拓展悟练——从前滚翻到后滚翻是怎么样实现的？通过分享收获、自我评价、课后趣味任务及老师寄语，让学生沉浸在"我滚动，我快乐"的氛围中，让运动成为一种终身的好习惯。

三、教材与教学内容分析（划分知识点）

　　前滚翻技巧在水平一仅是让学生掌握基本术语和基本技能，而水平二才是体育教学的主要内容之一，比水平一滚动与滚翻提高了动作的难度。学生通过前滚翻技巧练习能提高柔韧性和协调性，克服过障碍物心理，对于学生素质的全面提高有良好的效果。

四、教学目标（三维目标或核心素养）

　　1. 运动能力：在智能平台的帮助下，通过相互学习，掌握越过低障碍前滚翻和前滚翻钻圈的组合动作，进一步熟悉前滚翻的动作要领。

　　2. 健康行为：发展学生上下肢力量，训练灵敏、协调等身体素质。

　　3. 体育品德：培养合作意识和社会适应能力，提高自信，体验成功的快乐。

（续上表）

五、教学重难点
教学重点：低头、团身、脚蹬地、推手 教学难点：滚动圆滑、协调连贯

六、学习者特征分析
三年级学生正处于生长发育的关键时期，个性活泼、思维反应敏捷，模仿能力和接受能力强，并乐于参加体育活动，乐于向同伴展示技术动作。结合沙墟一小学智能教学特色，三年级学生自己能熟练地运用电子书包等智能平台进行学习，已经具备了较强的电脑操作能力和社会适应能力，能在集体活动中与同伴团结合作，完成活动任务。但受心理因素影响，该阶段的学生也有自我约束能力差的特点，因此在教学过程中需要通过教师的引导进行学习。

七、教学环境、工具及资源准备（包括硬件环境和软件资源）
教学环境：市桥沙墟一小学三（2）班共40人，班上学生能熟练操作交互式白板、平板终端及智慧卡等设备进行课堂互动。本次课例采取小组学习模式，学生小组合作氛围融洽。 　　技术工具、平台、资源：电子书包、粤教翔云数字教材应用平台2.0、智慧卡、班级优化大师、C30智能教学、平板移动终端。

八、教学活动设计（一个或多个课时）

教学环节	教学内容	教师活动	学生活动	媒体资源及设计意图
课前： 问题导向 诊断学情	预学摸查	推送资源： 1. 互联网滚动视频 2. 发布《互联网小调查》问卷	1. 浏览课前资料包 2. 完成《互联网小调查》调查问卷	1. 粤教翔云数字教材应用平台2.0 2. 智慧卡 设计意图：根据沙墟一小学"三导三学"教学模式，学生在课前通过粤教翔云数字教材应用平台2.0开展自主研学。教师通过学生课前研学反馈结果，诊断学生掌握动作技能的基本情况，便于教师及时调整教学进度和方案

（续上表）

教学环节	教学内容	教师活动	学生活动	媒体资源及设计意图
课中：创设情景激趣导入	激发学生学习兴趣	1. 情景导入，激发兴趣 创设情景，用身体模仿各种不同形状滚动，如：三脚架、鸡蛋、球 2. 提问：通过"模仿游戏"，你有什么感受？	1. 思考哪种形状滚动更快，为什么 2. 分享感受	1. C30 智能教学 2. 电子书包 设计意图：借助 C30 智能教学实现创设"不同物体"情景，激发学生兴趣并分享体验感受。
课中：活动一我的动作很优美	回顾熟悉前滚翻动作要领，展示完整前滚翻动作并引导学生尝试各种不同的滚动组合动作	1. 出示课前调查结果，提问：请分享自己各种滚动的不同感受 2. 提问：通过网络视频，你发现同伴滚动时有什么不同特点？想不想看看老师的滚动动作？（课的高潮） 3. 巡视小组讨论情况，点拨、点评，提示分层 4. 播放视频，思考：哪种滚动动作会滚得更快 5. 总结：团身紧，蹬、推有力连贯，就会滚动得更快	1. 回顾课前调查，分享自己滚动时的体验 2. 边看视频边模仿老师和同伴滚动得又圆又快的技术动作 3. 小组交流、讨论，互相鼓励 4. 小组汇报展示，观看视频，领悟总结	1. 智慧卡 2. C30 智能教学 3. 粤教翔云数字教材应用平台2.0 4. 电子书包 设计意图：依托沙墟一小学多元导学、合作展学教学方式，通过自主思考探究、讨论交流、小组汇报等环节，让学生在讨论、分享的过程中提高前滚翻动作技术。借助 C30 智能教学，展示讲解学生小组讨论成果。通过视频资源拓宽学生视野，了解滚动动作技术在其他方面的应用。在本环节中，利用班级电子书包点评功能，实现对学生学习过程中的伴随式评价，激发学生学习兴趣

（续上表）

教学环节	教学内容	教师活动	学生活动	媒体资源及设计意图
课中： 活动二 滚动组合动作我能行	1. 了解学以致用的重要性。学会观察和自我保护，遵循滚动动作技术要领，大胆尝试和探索各种滚动组合动作 2. 讲解评价	1. 讲解示范：让学生轮流做好保护与帮助，强调过障碍和各种滚动动作技术的重难点以及如何克服各种困难 2. 巡视指导，强调安全 3. 小结：小组示范讲解评价，提示分层	1. 小组讨论思考：运用哪种组合安全优美 2. 学生分享自己的看法 3. 小组上传视频 4. 小组评价	电子书包 设计意图：通过思考、尝试、交流、分享，让学生在活动中掌握过障碍滚翻动作的各种组合动作技术。运用小组上传视频进行点评，调动学生学习的热情；在学生汇报分享时，运用电子书包点评功能，实现对学生学习情况的伴随式评价
课中： 活动三 刺猬赛跑 （体能练习）	全班分成人数相等的四个小组接力游戏比赛，连续两个滚动动作后起身跑30米接力	1. 讲解游戏规则，强调遵守规则 2. 做好裁判工作并拍视频上传 3. 小结：沙墟一小要明德守法，公平公正，尊重他人	1. 明确游戏规则，小组讨论怎样才能获胜 2. 遵守规则、团结协作	电子书包 设计意图：通过体能游戏发展学生速度灵敏性，借用拍摄视频让学生懂得公平公正、遵守法规的重要性
课中： 归纳总结 交流心得	总结回顾、自我反思及评价，教师精准点拨帮扶学生，提示下次课的内容	1. 提问：这节课你有什么收获？ 2. 电子书包学习点评 3. 针对学生自主评价情况，点拨帮扶学生 4. 提问：你们学会了前滚翻以及过障	1. 分享自己的收获，说说自己的感受 2. 使用电子书包进行学习点评	电子书包 设计意图：通过电子书包快速掌握学生学习情况，针对学生的自主点评情况点拨帮扶学生。学生通过总结，回顾所学的知识

（续上表）

教学环节	教学内容	教师活动	学生活动	媒体资源及设计意图
课中： 归纳总结 交流心得		碍的各种滚翻动作，那后滚翻技术动作又是怎么样的呢？ 引导：在网上搜索后滚翻的相关动作		
课后： 联系生活 拓展悟学	分层教学，拓展延伸	1. 布置分层任务 2. 推送网络视频资源	1. 个人提交一个后滚翻动作视频，可以是自己拍摄的也可以是网上搜索的 2. 上传体育作业相关视频	粤教翔云数字教材应用平台2.0 设计意图：通过粤教翔云数字教材应用平台2.0发布分层趣味任务，激发学生积极主动参与体育运动的兴趣，让学生形成终身体育运动的好习惯

课的结构：

广东省中小学体育与健康课堂结构	开始部分	整理队伍、检查人数
		宣布教学目标、重点与难点
		安全提示、安排练习
	准备部分	慢跑热身
		拉伸（行进间拉伸或徒手操等）
		专项准备运动（为主教材服务）
	基本部分	过渡（通过复习、拓展等引入主教材）
		学（教师讲解示范、动作要领，学生模仿学习）
		练（学生体验式练习、拓展练习，教师巡回指导）
		赛（对抗赛、擂台赛、分组赛、技能赛、组合赛、综合赛）
		身体素质练习（5分钟上肢练习，5分钟结合主教材进行补偿性、强化性或拓展性练习）
	结束部分	针对性放松
		整理队伍、检查人数、总结与表扬
		布置作业、收拾器材

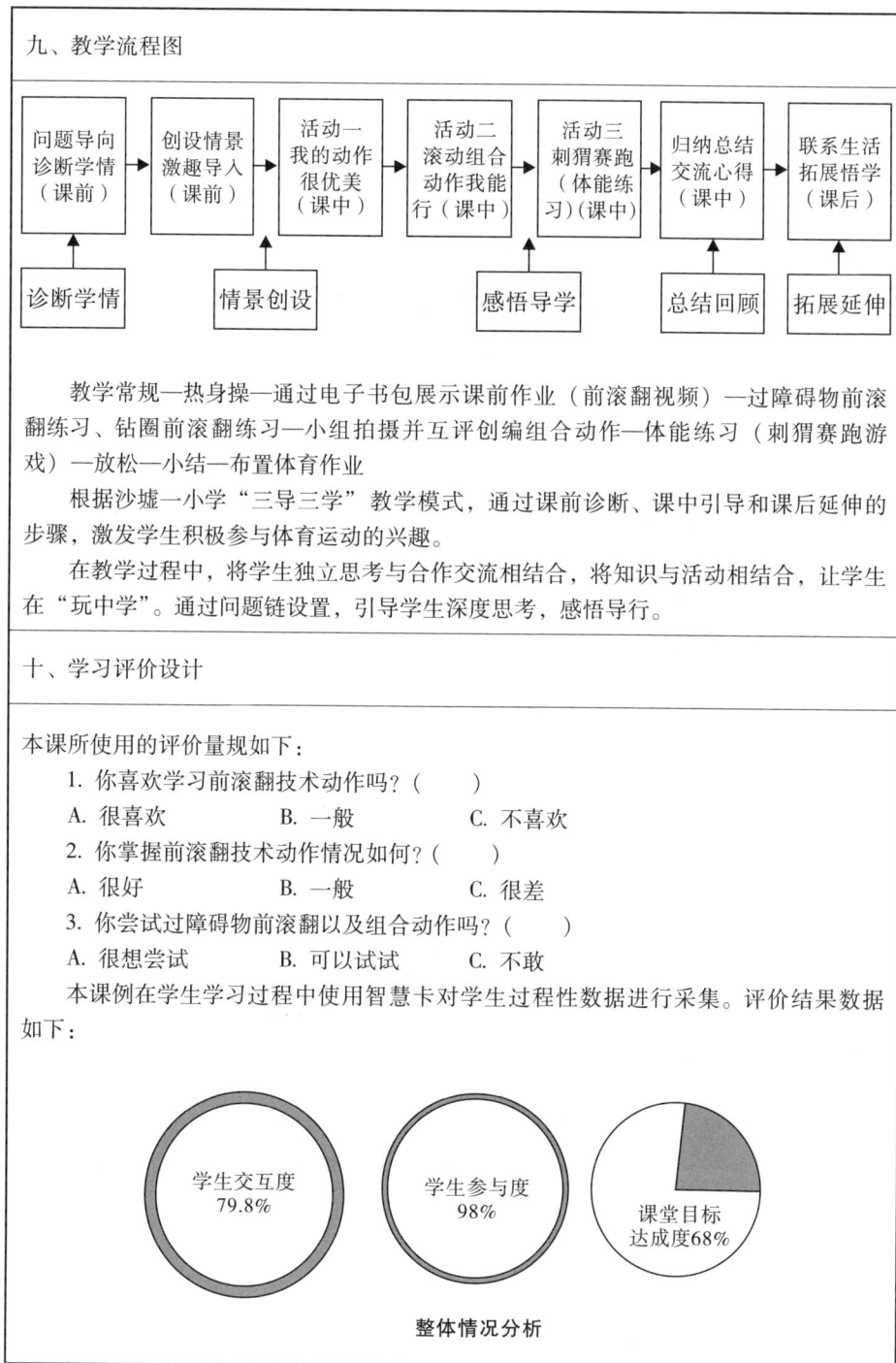

（续上表）

九、教学流程图

```
┌──────────┐   ┌──────────┐   ┌──────────┐   ┌──────────┐   ┌──────────┐   ┌──────────┐   ┌──────────┐
│问题导向  │   │创设情景  │   │活动一    │   │活动二    │   │活动三    │   │归纳总结  │   │联系生活  │
│诊断学情  │→  │激趣导入  │→  │我的动作  │→  │滚动组合  │→  │刺猬赛跑  │→  │交流心得  │→  │拓展悟学  │
│（课前）  │   │（课前）  │   │很优美    │   │动作我能  │   │（体能练  │   │（课中）  │   │（课后）  │
│          │   │          │   │（课中）  │   │行（课中）│   │习)(课中) │   │          │   │          │
└──────────┘   └──────────┘   └──────────┘   └──────────┘   └──────────┘   └──────────┘   └──────────┘
      ↑               ↑                              ↑                ↑              ↑
┌──────────┐   ┌──────────┐                   ┌──────────┐   ┌──────────┐   ┌──────────┐
│诊断学情  │   │情景创设  │                   │感悟导学  │   │总结回顾  │   │拓展延伸  │
└──────────┘   └──────────┘                   └──────────┘   └──────────┘   └──────────┘
```

　　教学常规—热身操—通过电子书包展示课前作业（前滚翻视频）—过障碍物前滚翻练习、钻圈前滚翻练习—小组拍摄并互评创编组合动作—体能练习（刺猬赛跑游戏）—放松—小结—布置体育作业

　　根据沙墟一小学"三导三学"教学模式，通过课前诊断、课中引导和课后延伸的步骤，激发学生积极参与体育运动的兴趣。

　　在教学过程中，将学生独立思考与合作交流相结合，将知识与活动相结合，让学生在"玩中学"。通过问题链设置，引导学生深度思考，感悟导行。

十、学习评价设计

本课所使用的评价量规如下：

　　1. 你喜欢学习前滚翻技术动作吗？（　　　）

　　A. 很喜欢　　　　　　B. 一般　　　　　　C. 不喜欢

　　2. 你掌握前滚翻技术动作情况如何？（　　　）

　　A. 很好　　　　　　　B. 一般　　　　　　C. 很差

　　3. 你尝试过障碍物前滚翻以及组合动作吗？（　　　）

　　A. 很想尝试　　　　B. 可以试试　　　　C. 不敢

　　本课例在学生学习过程中使用智慧卡对学生过程性数据进行采集。评价结果数据如下：

学生交互度 79.8%　　学生参与度 98%　　课堂目标达成度 68%

整体情况分析

（续上表）

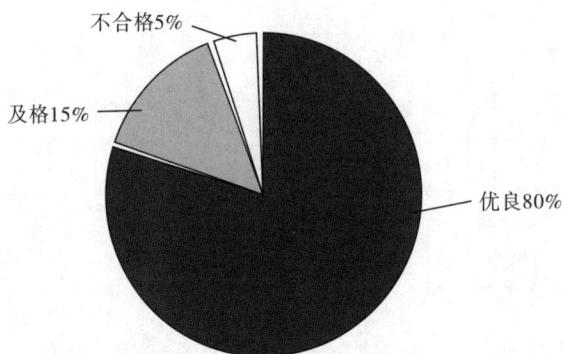

学生学习成果分析图

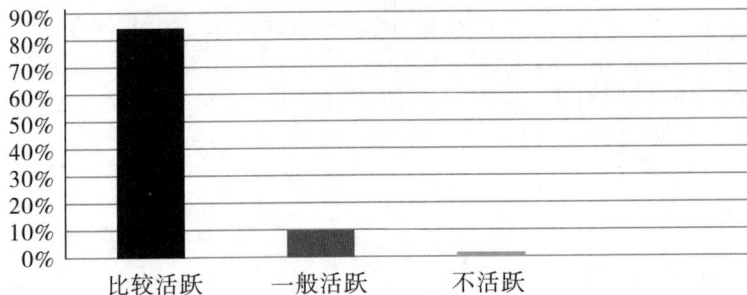

学生互动程度分布图

十一、教学创新与亮点特色

　　"双减"教育背景下，多样化信息技术手段在体育课堂的融合运用，改变了传统的教学理念，重建了"教"与"学"的关系。信息技术是现代先进的学习工具，运用智慧卡、电子书包进行前置性学习和拓展性学习，目的是使学生的学习不局限于课堂，关注学生的综合性发展，通过学生信息反馈让教师调整教学进度和方案。多样化的信息技术凭借形式多样、资源海量、高效精准的应用特色，打造了更立体、更生动有趣的体育课堂，激发了学生主动参与体育运动的积极性。沙壆一小学致力于将多样化的信息技术有机融合在体育教学中，下面将以三年级下册《过障碍物前滚翻》为例谈谈几点做法：

　　1. 巧用信息技术预学摸查，调整方案。

　　以往的教学，教师对于学生的学情分析往往基于经验和平时的直观感受，缺少大数据精准全面的分析。但借助信息技术，教师可提前推送学习任务及资源，精准把握学情，以学定教，及时调整教学方案，以确保教学目标的达成。在执教《过障碍物前滚翻》一课时，教师充分运用了信息技术进行教学。如：以粤教翔云数字教材应用平台2.0及智慧卡、电子书包为媒介，提前给学生推送课前资源进行前置性学习，完成相应

（续上表）

的互联网调查，同时让学生自主研学，根据学生课前研学情况反馈总结情况，诊断学生掌握运动技术的情况与态度，适度调整教学方案和教学进度。

2. 巧用信息技术导入课堂，意趣盎然。

教师借助现代化信息技术教学手段，通过视频、图文、音乐等形式激发学生的学习兴趣。教师在执教《过障碍物前滚翻》一课时借助 C30 智能教学实现创设"模仿不同形状物体"情境，让学生分享模仿物体滚动的不同感受，学生兴趣盎然。

3. 巧用信息技术活跃课堂。

《过障碍物前滚翻》的目的是通过掌握高难度的滚动动作技术，增加自信和积极参与体育运动的兴趣，提高学生的柔韧性和协调性，克服过障碍物心理，从中培养学生勇敢、果断、机智、不怕困难和互帮互助的优良品质。教师在教学时既要把握好方向，又要从学生的生活实际出发设计教学，进行形式多样的教学活动。在信息化技术手段的支撑下，教师可采用多种互动形式进行课堂教学，为学生搭建一个更宽广的舞台，让学生在多形式的情境活动中感悟、导行。如在《过障碍物前滚翻》一课，学生在小组讨论交流中巩固提高了前滚翻技术动作。运用 C30 智能教学，展示讲解学生小组讨论成果，全局呈现、对比讲评。借助粤教翔云数字教材应用平台 2.0 和电子书包推送视频资源，拓宽学生视野。通过小组讨论合作促进学生学习的动力，给学生创造更多交流的机会，并且充分体现了学生在体育课堂学习的主体地位。学生在合作中积极互助，充分调动学生的学习兴趣。学生在小组汇报分享时，使用电子书包交互点评功能，及时实现了学生学习情况的伴随式评价，使学生体验学习成功的乐趣。这是在教学中体现出"玩中学，学中玩，我运动，我快乐"的活动方式，进一步提高了课堂效率。

4. 巧用信息技术高效互动，精准分层。

在课堂教学中，高效互动、及时反馈及大数据分析的信息化手段能让教师在面向全体学生的同时，更加精准有效地关注到个体差异。如在《过障碍物前滚翻》中通过评价量规和课堂实践情况的结合以及课上的高效互动，教师可以与学生形成强交互，关注学生的差异性，进行合理分层，更好地提升教学效率及质量，打造高效课堂。

5. 巧用信息技术延伸课堂，落实"双减"。

"双减"教育政策前景下，应注重学生的个性化发展。学生需根据自身水平进行自主学习，针对性地查漏补缺；教师需布置精准性强的作业，同时也需注意减轻批改压力，只有这样才能让师生共同减负增效。个性化作业就是提升作业针对性的良好选择。《过障碍物前滚翻》的课后个性化作业便是借助粤教翔云数字教材应用平台 2.0 为学生推送课后拓展资源，拓宽学生知识面；根据学生学习情况分层布置课后趣味任务，让不同能力水平的学生都能完成自己力所能及的拓展性学习，让学生的学习并不止步于课堂的结束，而是延伸到日常生活中去，形成终身体育运动的好习惯。

总之，"双减"政策的目的是让学生接受全面的素质教育，让教学回归于人本位；多样化的信息技术手段与体育教学的融合，能有效调动学生的学习积极性，更好地使学生进入学习状态，完成教学任务，深化课堂教学效果，让学生真正成为创新学习的主人。

（续上表）

十二、教学案例反思

　　沙墟一小学是番禺区第四批电子书包实验学校，结合学校的研究专题，电子书包教学实验已在沙墟一小学常态开展，效果显著，并得到上级领导一致好评。体育课堂也在不断探索更先进的电子书包有效应用模式。教师把电子书包从辅助教学的手段转变为学习的方式，发挥电子书包在学生前置性学习、自主学习、主动探究、合作交流等方面的优势，重点探讨了电子书包在体育课堂运用的有效性。

　　这次教师执教的班级是三（2）班，学生使用电子书包一年多，能熟练操作"电子书包"各项功能。本堂课是学习《过障碍前滚翻》第二课时，重点学习越过障碍前滚翻的简单组合动作。学生通过前置性学习加强前滚翻动作技术重点难点的掌握，利用论坛（互动讨论区）交流讨论重点难点的理解；在课中学生能进行直观性、个性化学习，观看越过障碍物前滚翻图片和前滚翻组合动作微视频，同伴讨论学习，并运用电子书包提供的简单图片或与同伴讨论创造设计新的动作，再和前滚翻进行组合动作练习。学生在课后利用电子书包继续拓展探究相关体操组合动作，在电子书包讨论区开展体育课交流互评实践活动，编写自己喜欢的体育活动项目及体育故事等，提高学生对体育运动的兴趣和运动技能，为培养学生终身体育兴趣打下坚实的基础。

　　本堂课是一堂结合电子书包的新型体育课堂，对于电子书包在体育课堂的运用，笔者有如下体会：

　　1. 电子书包的使用是教学"与时俱进"的充分体现。

　　教育，正面临着巨大的变化，在这种巨变中起决定作用的是教育信息技术，而电子书包就是信息技术的结晶。借助现代信息技术电子书包作为学习工具，利用网络的功能，整合、共享体育教学信息资源，营造生动的新型教学模式，培养学生观察、思维能力；借助其内容丰富、多媒体呈现、具有联想结构的特点，培养小学生基本的自主发现、探索学习能力；利用网上资源，创造机会让学生进行实效的前置性学习。帮助教师解决重点难点问题，让学生更容易理解知识、接受知识，提高教学效果，利用电子书包打破传统的体育教学模式。前滚翻是技巧类的学习内容，是小学三、四年级体育教学的主要教材内容之一，比一、二年级滚动与滚翻教材提高了动作的难度。技巧练习能提高学生的柔韧性和协调性，对于学生全面素质的提高有良好的效果。如果教师一味地讲解基本动作，强调练习要求，容易使学生产生厌倦情绪，在体育课堂上被动多于主动，个性化表现不充分。而本课借助电子书包进行学习，在课前让学生主动搜索相关资料，更深刻地理解前滚翻动作的生活化（方形木块和球滚动的区别，优秀足球运动员在场上摔跤时的翻滚动作，武打演员的拍戏翻滚动作，体操运动员的垫上技巧组合等）。每个学生拍动作视频上传，讨论交流，既激发学生学习的主动性，使其主动深刻了解并掌握前滚翻的动作技术，又个性化展示他们对动作技术的组合拓展，还能让教师在课堂中根据学生不同层次有针对性地引导教学，使学生循序渐进地掌握技术动作。利用电子书包学习使学生的学习兴趣更浓厚，课堂学习效率更凸显，提升了体育课堂高度。

　　2. 电子书包打破了体育课堂学习的局限性。

　　三年级孩子处于生长发育关键时期，表现出来的特征是个性比较活泼，模仿能力强，思维反应敏捷，积极参加有趣的体育活动，并乐于把自己学习到的技术动作向同伴

（续上表）

展示。这个阶段的学生已经具备了较强的社会适应能力，能与同伴团结合作完成各项活动任务。但限于心智成长和心理因素原因，该年龄段孩子的共同特点是自我约束能力差，导致课堂上容易忽略某个关键技术环节的掌握。那么，在课堂上掌握不了的动作可以通过电子书包在课后自主地进行个性化学习，主动与同伴发帖交流，相互学习，实现良性竞争进步。同时，使用电子书包不受练习的次数和课堂的限制，能满足学生的个性化学习和拓展性学习需求。

3. 电子书包创新体育课堂的评价手段与方式。

传统体育课堂在对学生的展示进行评价时只能口头或书写打分记录，有的学生可能因为不愿得罪同伴或胆小而不敢发言评价，不能实时体现，也不够直观具体。在电子书包环境下，教师课前能对学生前置性学习进行点评指导，课后量化学生的自评与互评，对学生的综合评价一目了然，学生之间能够友好激励，相互进步。课堂评价更能体现出多元化、电子化、实时化，有助于学生的自我认识与发展，有助于教师注重个体差异"因材施教"，使每一个学生都体验到体育学习和活动的成功感，并取得进步和发展，更有助于家长及时了解孩子的学习能力和学习情况。

4. 电子书包在体育课堂实施的效应和改进的方向。

本课借助电子书包教学，学生基本掌握前滚翻的动作方法，能清晰合理运用正确的发力顺序，运动能力和身体素质都得到了提高。在学习过程中，学生自主学习、个性化学习、合作学习的能力都得到了锻炼，积极探究的意识进一步激活，团队精神、创新精神及自信心都有不同程度的提高。虽然整个教学过程完整流畅，但在教学过程中还有一些不足之处，如学生运动强度和密度有所欠缺，课堂时间的掌握不够准确，前置性学习和拓展学习还需更丰富、更多元化。在以后的教学实践中，还需不断努力与研究，使电子书包在体育课堂的运用成为一种常态教学，让学生学得开心，教师教得自如，使教学效果前所未有地显著提高。

【课例5】

口语交际：推荐一本好书

学校名称	广州市番禺区市桥沙墟一小学	执教教师	潘文清
涉及学科	语文	教学对象	小学六年级学生
教材版本	苏教版	课时数	1 课时

学段	☐学前教育　☐特殊教育　☑小学　☐初中　☐高中
主题类别	☑单学科大单元　☐跨学科大单元　☐其他
教学环境	☐智慧学习环境　☑多媒体教学环境　☐混合学习　☐其他

学习空间	教学设备	☐投影　☑一体机　☑交互式白板　☑笔记本 ☑平板电脑　☐录播　☐其他
	学生设备	☑人手一台　☐小组一台　☐同桌一台　☐没有设备
	桌椅模式	☐单人单桌矩阵　☐双人同桌矩阵　☑小组式圆桌矩阵

一、案例设计背景与目的

　　本案例是多媒体教学环境下，借助电子书包等教学设备与学习空间开展的融合创新的口语交际指导。电子书包学习空间为学生课前收集资源、开展交流互动，课中呈现习作初步成果，课后互评修订等学习活动提供了前提与保障，实现让学习时时可行、处处可行。提升了交流展示的时空，也让学生更好地参与到口语交际全过程。尤其是口语交际课型，借助电子书包实现大班化教学的个性学习、交流、展示，很好地解决了学生课堂交际时间不足、表现欲望不一导致练习机会不均衡的实际问题。

（续上表）

二、教学理念（如基于问题的学习、个性化学习、探究性教学、分层教学等）
本课教学践行了如下教学理念： 1. 混合学习理念。混合学习是在线学习和面对面的课堂学习两种方式的有机整合。基本思想是融合现代教育技术与传统教学的优势，关注教师的主导与学生主体的结合，促进教学变革。本节口语交际课，既有面对面的推荐好书的方法指导，又有线上的前置性学习小调查。好书的交流与展示、自我学习目标达成形成性评价反馈，体现了信息技术与教学深度融合的核心理念，让信息技术成为学生认知的有效工具。 2. 情境教学策略。口语交际是一种双向的社会活动，它以人类的语言能力为前提，强调实际情境中交际对象之间的交流与互动，是在人与人之间进行的一种有目的、有实效的语言沟通活动。在教学中，教师重视"情境"的创设。本课开始，教师设计了猜谜采访这一环节，带领学生走进书的世界，激发学生的兴趣，让学生在轻松、愉悦的氛围中活动，没有压力、乐于表达。接着，在什么样的书才是好书的主题以及好书共赏的氛围中，让学生模拟扮演各种角色，让学生在演中说，在说中想，做到边说、边想、边演。同时利用学生好胜的心理，采取一些激励措施，让学生行动起来，思维活起来，胆子大起来。通过多种多样的交际形式，如生生合作、师生合作，让学生充分、大胆地表现自己，在推荐好书中锻炼学生的口语交际综合能力。 3. "三导三学"教学模式理念。"三导三学"教学模式是沙墟一小学基于电子书包环境，融合研学后教核心理念构建的研学后教模式。对该教学模式主要理念的相关阐述详见《写写我的小伙伴》相关内容，在此不再赘述。
三、教材与教学内容分析（划分知识点）
"推荐一本好书"是苏教 2001 版九年义务教育六年制小学《语文》第十一册练习 7 的一篇口语交际课。这篇口语交际主要是训练同学们能把自己读过的一本好书，用普通话清楚明白地介绍给他人，通过互相介绍，了解什么是好书，激发读整本书、读好书的兴趣。同时，在互动交流中培养学生良好的倾听习惯，并能正确地进行口语表达与评议，锻炼学生口语交际的综合能力。
四、教学目标（三维目标分类或学科核心素养分类）
1. 让学生知道什么书是好书，引导学生读好书，读整本的书，并乐意把自己喜欢的一本好书清楚明白、有条理地推荐给大家，努力用语言打动别人。 2. 创设读书生活情境，进一步强化学生的读书意识，激发学生读书的兴趣。 3. 在互动交流中培养学生良好的倾听习惯，并能正确地进行口语表达与评议，锻炼学生口语交际的综合能力。

（续上表）

五、教学重难点
训练学生用普通话清楚明白地表达自己的看法，并认真倾听别人的发言，积极地评价、应对的能力。

六、学习者特征分析
小学六年级的学生已经有了一定的学习经验，掌握了一些学习方法和一些口语表达能力。通过这节口语交际课的进一步学习，既能提高学生的口头表达能力和交际应对能力，又能引起学生对生活的关注，提高解决生活中实际问题的能力。

七、教学环境、工具及资源准备（包括硬件环境和软件资源）
教学环境：使用平板终端、电子书包及交互式白板等设备进行课堂互动，采取小组围坐的形式开展学生小组合作学习。   技术工具、平台、资源：交互式白板、电子书包平板移动终端。

八、教学活动设计（一个或多个课时）

教学环节	教学内容	教师活动	学生活动	媒体资源及设计意图
课前： 问题导趣 自主研学	好书调查，填写问卷	设计并上传调查问卷	填写问卷	电子书包 设计意图：课前，借助电子书包开展好书小调查，了解学生对好书的认识，为好书推荐做铺垫
课中： 多元导学 合作展学	猜谜采访，引出话题	1. 课件出示谜面厚薄大小不相同，世界万物都包容，只要你能打开看，增加知识力无穷 提问：同学们你们猜它是什么？（答案：书） 2. 采访两位小书迷，引出课题：推荐一本好书	1. 猜谜语 2. 接受采访 3. 齐读课题	交互式白板 设计意图：用交互式白板呈现谜语，为学生在猜谜语、采访中营造一个轻松、积极的班级口语交际环境，激发学生的参与兴趣，为创设生活化的口语交际情境做好铺垫

（续上表）

教学环节	教学内容	教师活动	学生活动	媒体资源及设计意图
课中： 多元导学 合作展学		提问：哪个同学推荐的书你最感兴趣？为什么？ 3. 引导 是啊！推荐好书还真是一门学问呢！今天，我们就围绕这个话题一起聊一聊吧。（板贴课题）		
	调查反馈，认识好书	1. 浏览课前电子书包好书调查情况 2. 提问：什么是好书？ 3. 依据学生回答顺势概括，出示课件 （1）内容健康、生动、有趣的 （2）语言优美的 （3）图文并茂、给人美感的 （4）启迪智慧、教人做人的 （5）使人获得有益知识的……	1. 观看微课《好书共赏》 2. 畅谈对好书的认识	1. 电子书包 2. 交互式白板 设计意图：课前，借助电子书包开展好书小调查；课中，浏览电子书包，反馈调查情况，畅谈好书的益处，让学生与好书交朋友，为推荐好书做心理上、行动上的铺垫，同时也为后面的好书共赏、推荐好书积累语言
	微课引路，探究"说"法	1. 过渡 既然好书有那么多的益处，那就让我们把喜欢的好书推荐给小伙伴吧。如何推荐好书，我们来看一个微课。可以边看边在笔记本上记住要点哦。 2. 播放微课	1. 观看微课，记录发现与收获 2. 汇报观看微课的发现与收获 3. 提问：看了微课，你知道如何推荐好书了吗？（教师根据学生的汇报随机板贴内容）	1. 微课 2. 电子书包 设计意图：课中，借助精心录制的微课，让学生在最短的时间内掌握推荐好书的方法。同时营造浓浓的好书共赏的氛围，让学生产生分享、推荐好书的冲动。上传到电子书包的微课资源也将成为学生随时可以观看的宝贵资源

（续上表）

教学环节	教学内容	教师活动	学生活动	媒体资源及设计意图
			4. 引导学生阅读口语交际要求，明确口语交际倾听、评价、应对任务（教师随机板书）	
课中：多元导学合作展学	分组推荐，人人参与	1. 导言 下面就让我们把最喜欢的好书推荐给小伙伴吧。请看要求： （1）以小组为单位推荐好书。推荐的同学按照刚才提出的内容、形式进行。倾听的要认真，可以提问、补充或交流。同学推荐后可以提问、交流、评价 （2）组长负责组织。可以安排一个同学把推荐得好的同学的推荐过程拍下来，上传电子书包。读的人越多，说明你的推荐越成功。最后比一比，评选"最佳创意奖""最佳推荐奖""最佳建议奖"。 2. 教师巡回检查，进行个别指导 3. 教师小结小组推荐好书情况	1. 学生四人一组或自找交际伙伴，互相介绍、推荐要求：每小组由一名同学当小组长负责主持，鼓励学生用不同于别人的方式推荐，其他同学可以提出问题。交流后相互评价、修正，再推举出代表准备参加全班交流 2. 畅谈喜爱的读书名言	1. 电子书包 2. 交互式白板 设计意图：通过广泛的口语交际练习，使学生逐步形成在不同场合与人沟通、交往的能力；学生在小组内练习推荐好书时，引导他们把讲得好的伙伴的推荐过程上传到电子书包互动讨论区展示，借助电子书包的强大功能，让学习、分享、交流随处可行。最后，学生利用微课习得的方法进行好书推荐，学以致用。借用课前学生上传到电子书包的学生最喜爱的读书名言，让推荐更有感召力，形成人人互荐、共赏好书的良好氛围。

（续上表）

教学环节	教学内容	教师活动	学生活动	媒体资源及设计意图
课中： 多元导学 合作展学	和谐互动， 反馈评价	4. 浏览电子书包，反馈前置性学习情况，引导学生在推荐好书前加上读书名言，使推荐更具感召力 1. 教师引导学生围绕听、说、评的要求自由评价、提问、补充等 2. 教师巡视，注意选取不同推荐形式的学生在全班展示 预设形式：好书自述、讲故事表演、新书推介会等（4~5人）。另外，分享一个学生上传到电子书包的视频 3. 组织学生评出"最佳创意奖""最佳推荐奖""最佳建议奖"，给予表扬、奖励。并适当让个别学生说说推荐的理由及采访获奖的同学，说说获奖感言 4. 教师总结（高尔基说过"书籍是人类进步的阶梯"。多读书，会让我们的生活更快乐、更充实。读好书，有好书相伴，同学们的人生之路必将充满阳光）	1. 各小组的代表以各自不同的形式推荐好书 2. 师生评价，以评促提升 评价标准：重点看是否把好书的主要内容或自己对这本书的看法说清楚、说明白；另外再看仪态是否大方，声音是否响亮，富有情感；看推荐形式是否新颖、独特、有吸引力，推荐是否达到效果，并思考不足的地方该如何改正、补充等 3. 说说推荐的理由，获奖的同学说说获奖感言，畅谈收获，自我评价 （1）指定几名学生说说这节课的收获 （2）引导学生借助电子书包对这节课在说、听、评等方面进行客观评价	1. 电子书包 2. 交互式白板 设计意图：喜闻乐见的交际形式，使得口语交际课生动、活泼、有趣，真正实现交际功能。另外，分享学生上传到电子书包的推荐视频，让更多的学生有展示的机会。同时引导学生课后可以继续在电子书包分享推荐视频。弥补有限的课堂时间，让口语交际分享随时、随处可行！另外，借助电子书包强大的反馈功能，课结束时利用电子书包做学习反馈，结合学生投票及回答的情况，教师能及时得知学生目标达成情况，便于教师及时调整后续教学

123

（续上表）

教学环节	教学内容	教师活动	学生活动	媒体资源及设计意图
课中： 多元导学 合作展学	习作展评，总结反馈	1. 教师巡视指导 2. 教师点评（侧重书面语言的表达，精彩的语段或不足的地方） 3. 小结激励 4. 引导评价（在电子书包测评学生目标达成情况）	1. 分享作品，互相点评 2. 畅谈收获	1. 电子书包 2. 交互式白板 设计意图：在展示点评环节，有意识地选取好的与不足的作品，关注学生学习的基础与需求（小调查），借点评深化学生习作指导。同时，利用电子书包进行目标形成性评价，教师能第一时间根据学习反馈数据及时调整教学
课后： 深度导练 拓展悟学	拓展延伸，巩固提高	出示课后作业： 1. 好书推荐 向爸爸、妈妈、邻居等人推荐一下自己认可的好书，还可以推荐一处好的风景、一幅好的画或是一部好的电影…… 2. 小口号、大创意 学校准备办一期"好书大家读"墙报活动。大家把刚才自己推荐的话写成稿件，准备办一期"好书大家读"墙报（上传电子书包） 3. 读书名言赠友人 刘向说过："书犹药也，善读之可以医愚。"仿写：书是____，它____。	1. 认真聆听，个性选择 2. 提出疑问，师生共同解决	电子书包 设计意图：对于口语交际能力的培养，课堂教学是主渠道，但这还很不够。语言的实践，需要通过大量的课外实践，即社会实践，在实践中学习，在实践中提高。充分利用电子书包的优势，以活动超市的形式引导学生继续交际、继续与好书交朋友等，并把活动成果上传到电子书包，利用电子书包互相分享、互相评议，营造良好的学习氛围，使学生的综合能力得到有效提升。基于个性化学习的理念，也让教师能及时关注每一个学生的学习状态与学习效能

（续上表）

教学环节	教学内容	教师活动	学生活动	媒体资源及设计意图
课后： 深度导练， 拓展悟学		缀上你的名字，就是你的读书名言。把名言读给你的学习伙伴听，写在你最喜欢的书的扉页，或制作成书签送给老师或学习伙伴		

【板书设计】

向你推荐一本书

会说		会听	会评
内容	形式	倾听	清楚
书名	读者	思考	明白
作者	作者	提问	精彩
主要内容	"营业员"	交流	不足
主要人物	书的自述		
精彩片段	表演故事		
收获感受	小记者采访		

九、教学流程图

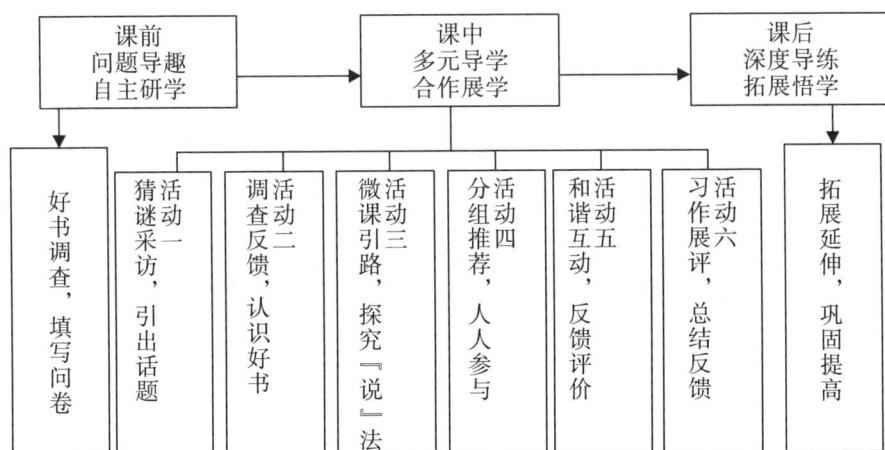

（续上表）

十、教学创新与亮点特色
"新技术"背景下，多样化信息技术手段在小学语文口语交际教学的融合运用，能打破时空的限制，促进教与学的方式变革。本节口语交际活动课，充分运用电子书包，最大程度地为不同层次学生的口头表达提供帮助。通过丰富的交际形式，及时评价反馈，多元的展评方式，让学生的交流表达更多元、更自主、更自由，在推荐好书中锻炼学生口语交际的综合能力，有效地促进学生个体的全面发展。
十一、教学案例反思

口语交际是在人与人之间进行的一种有目的、有实效的语言沟通活动，在"推荐一本好书"口语交际教学中，教师重视创设情境，巧用电子书包这一现代化教学媒介，将面对面的课堂学习和在线学习两种方式融合创新，让学生充分、大胆地表现自己，在好书共赏的氛围中锻炼学生口语交际的综合能力，实现教学效益的最大化。
 	
    1. 猜谜采访，引出话题。
    课伊始，通过猜谜语、采访，营造一个轻松的、积极的班级口语交际环境，带领学生走进书的世界，为创设生活化的口语交际情境做好铺垫。
    2. 微课引路，探究"说"法。
    课中，借助精心录制的微课，营造浓浓的好书共赏的氛围，让学生在最短的时间内掌握推荐好书的方法。同时让学生积极参与到口语交际活动中。上传到电子书包的微课资源也成为学生随时可以观看的宝贵资源。
    3. 分组推荐，人人参与。
    以学习小组的方式互相推荐好书，互相倾听、评价，将每一位学生都引入口语交际的场景，教师引导学生借用课前学生上传到电子书包的最喜爱的读书名言让推荐更有感召力，形成人人互荐、共赏好书的良好氛围。
    4. 和谐互动，反馈评价。
    课堂上，让各小组代表到台上展示，引导学生围绕倾听、评价、应对的要求进行师生、生生对话。教师恰到好处地串联、提示、点拨、应和，形成一个自然、和谐、温馨、愉悦的交际场。课结束时利用电子书包以及畅谈收获进行目标形成性评价，教师能第一时间掌握学生情况，及时调整教学。
    5. 巧用媒介，拓展延伸。
    课后，以活动超市的形式引导学生继续交际、继续与好书交朋友等，并把活动成果上传到电子书包，利用电子书包互相分享、互相评议，营造良好的学习氛围，使学生的综合能力得以有效提升。
    总之，电子书包环境下的口语交际课，打破了时空的限制，有效地连接传统课堂与虚拟课堂，最大程度地为不同层次学生的口头表达提供帮助。通过丰富的交际形式、及时的评价反馈、多元的展评方式，让学生充分、大胆地表现自己，在推荐好书中锻炼口语交际的综合能力。关注每一个生命个体的发展，真正实现因材施教，有效地促进学生个体的全面发展。

（续上表）

十二、案例推广办法与经验总结

1. 参加 2017 年番禺区基于新技术支持下个性化学习的课堂教学大赛（复赛）获一等奖。
    2. 参加 2017—2018 年度"一师一优课、一课一名师"活动获省级优课。
    3. 2019 年 10 月 18 日被"学习强国"广州市地方平台发布，截至 2023 年 2 月 16 日，播放量 48 850，点赞 480。

【课例6】

自己做镇纸

学校名称	广州市番禺区 市桥沙墟一小学	执教教师	丘艳霞
涉及学科	美术	教学对象	小学四年级学生
教材版本	岭南版	课时数	1 课时

学段	☐学前教育　☐特殊教育　☑小学　☐初中　☐高中
主题类别	☑单学科大单元　☐跨学科大单元　☐其他
教学环境	☐智慧学习环境　☑多媒体教学环境　☐混合学习　☐其他

学习 空间	教学设备	☐投影　☑一体机　☐交互式白板　☑笔记本 ☑平板电脑　☐录播　☐其他
	学生设备	☐人手一台　☐小组一台　☑同桌一台　☐没有设备
	桌椅模式	☐单人单桌矩阵　☐双人同桌矩阵　☑小组式圆桌矩阵

一、教学设计理念

　　1. 创客教育理念

　　创客教育是创客文化与教育的结合，即基于学生兴趣，采用项目学习方式、利用数字化工具，倡导造物、鼓励分享，以培养学生问题解决能力、团队协作能力和创新能力的一种素质教育。本节课的教学设计强调让学生在完成一个作品的项目过程中，学习相关知识和技能，重视学生的问题解决能力、表达能力的培养。

　　2. 个性化学习理念

　　个性化学习理念强调最大程度地尊重和关注学生的个性差异，让学生有更多独立思考、独立实践的学习机会，提升素质并发挥潜能，促进学生的全面发展。本节课在教学时准备了关于不同镇纸制作材料的微课，学生可以按照自己的喜好自行选择学习；在分享展示环节请学生上台展示，充分尊重学生的个性差异，利用电子书包生生互评取代传统的评价方式。

（续上表）

二、教材内容分析
《自己做镇纸》是岭南美术出版社出版发行的义务教育课程标准实验教科书《美术》第八册第二单元第6课，其单元主题是学习的好朋友，本单元以"学习与生活"为切入点，教学内容和题材紧靠学生的兴趣和生活实际，帮助学生丰富和强化生活经验的同时，发挥想象力与创造力，进行平时常见物体实地创作的综合性探究。
三、教学目标（知识与技能、过程与方法和情感与态度等）
·知识与技能 　　了解各类镇纸的造型、材质和制作方式。 　　·过程与方法 　　能用彩绘、粘贴、缝制等加工手法，创意设计制作装饰性强、文化内涵丰富的镇纸作品。 　　·情感与态度 　　能感受动手实践的乐趣。 　　能感受镇纸的实用性、装饰性和背后的文化内涵。
四、教学重难点
教学重点：赏析了解各类镇纸作品的美感及风格特点，学习创造性地运用生活中的常见素材，制作富有独特美感的镇纸。 　　教学难点：创造性地运用生活中的常见素材，制作富有独特美感的镇纸。
五、学习者特征分析
·起点能力 　　学生在此前已经学习过彩绘、粘贴、缝制等基本加工方式的操作。 　　·兴趣点 　　学生对于观赏奇特的镇纸珍品充满兴趣，乐于和老师、同学探究镇纸的制作方式，交流、展示自己的作品。 　　·信息素养 　　学生已经掌握了基本计算机操作，能够在老师的指导下完成云平台中相关资源的下载和投票点赞等操作。

（续上表）

六、教学过程			
学习步骤	学生活动	教师活动	媒体资源及设计意图
历史介绍，课堂导入	电子书包前置性学习镇纸的相关信息，感受镇纸的文化内涵，感受古代镇纸的美	介绍镇纸的起源、历史，展示古代镇纸	电子书包，PPT 设计意图：通过电子书包课前预习，让学生提前查找镇纸的相关知识，感受镇纸的文化内涵及魅力，并让学生通过电子书包的功能进行课前讨论交流，感悟电子网络带给我们学习的便利
基础知识及方法介绍	初步了解镇纸的制作要点，了解制作镇纸的常用材料的特点	1. 介绍镇纸制作的一般步骤 2. 展示可以用来制作镇纸的材料	PPT 设计意图：通过PPT课件的展示，让学生更直观快速掌握制作步骤，以达到学习的效果
自选材料，作品创作	1. 选择喜欢的材料，观看相应微课学习使用该材料制作镇纸的方法和要点 2. 设计并制作镇纸	1. 准备利用不同材料制作镇纸的微课，供学生自由选择观看 2. 巡堂，随时准备为学生制作镇纸提供帮助	电子书包 设计意图：通过电子书包的功能，让学生直观欣赏制作步骤，在制作过程中遇到困难可以随时观看步骤
作品展示，生生互评	1. 将作品拍照上传 2. 部分同学上台展示并推荐自己的作品（陈述自己的设计思路、作品特色亮点等） 3. 利用电子书包互动讨论区对上台展示作品的同学投票	组织同学上台展示自己的镇纸作品并利用电子书包进行投票	电子书包 设计意图：运用电子书包把学生作品上传然后进行投票，以快速的方法选出最佳作品，为课堂提供更高效的课堂作业评价

（续上表）

学习步骤	学生活动	教师活动	媒体资源及设计意图
归纳总结，拓展提升	课下观看未看的镇纸制作微课，了解不同材料制作镇纸的方法	展示优秀的现代镇纸作品，强调镇纸的文化意义	PPT 设计意图：通过 PPT 的形式进行拓展提升，让学生在生活中继续深化学习镇纸的知识及意义，并辐射到身边的亲人朋友

板书设计：

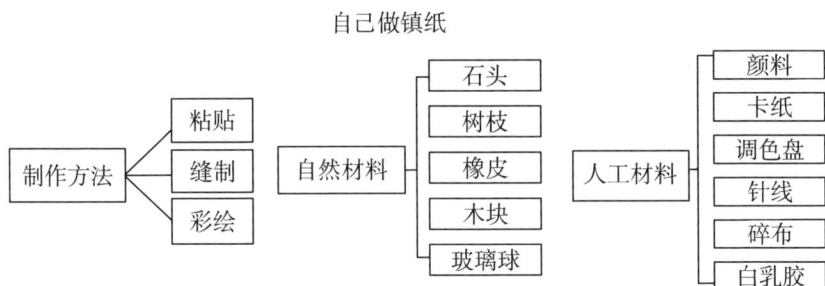

七、教学流程图

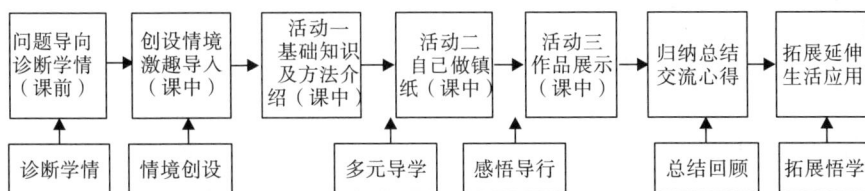

　　根据我校"三导三学"教学模式，通过课前诊断、课中导行和课后延伸的步骤，提高学生的欣赏能力、合作能力和动手实践能力。感受镇纸的实用性和装饰性，了解镇纸背后的文化内涵，提高学生的审美素养。

　　在教学过程中，将学生独立思考与合作交流相结合，将知识与活动相结合，让学生在"玩中学"。通过设置问题链，引导学生深度思考，感悟导行。

（续上表）

八、教学案例反思

　　《自己做镇纸》是岭南版实验教科书《美术》第八册第二单元第6课。本单元以学生常见的文化用品为对象，探究美术与学生学习生活的关系。教材通过让学生欣赏并了解镇纸的用途及特点，同时结合制作示意图，引导学生观察、体验，激发学生创作的欲望，用他们自己收集的各种材料愉快地进行联想和创作。这一课有内涵、有深度，可发掘的东西很多。首先教师把这节课定位为欣赏感受为主，思考想象相结合，设计应用两相依的一课。了解我国优秀的镇纸文化内涵，认识镇纸实用性和艺术性，掌握设计、制作镇纸的材料、方法和制作过程，提高学生的审美素质。因为是美术课，必须体现其学科特点，所以给学生很好的视觉感受和丰富的可视资料就显得十分必要，因此，教师花了很多时间和精力，查找搜集创作了许多展示资料图片，以体现本课的宽广内涵，并制作成课件以便展示。

　　在课堂教学中，做到不顾此失彼，努力实现知识与能力，过程与方法，情感、态度与价值观等多维目标的整合。坚持以学生为主体，鼓励学生多思考、多分析，老师主要把握好各个环节，适时引导。

　　学生通过合作学习，与他人分享学习与生活中的失败与成功的体验。合作学习是以目标设计为先导，以师生、生生合作为基本动力，以小组活动为基本教学形式，以标准参照评价为基本手段。采取小组合作商讨的形式，课堂效果会更好，也有利于培养学生非常需要的合作意识和能力。

　　在教学的过程中，激励学生发现问题并寻求解决之道。围绕着自己收集的石头像什么展开讨论，进行联想构思。最后制作心中的镇纸。

　　新课程具有较大的开放性，教师针对这节课能够将个人对教材内容的理解、经验、知识投入教学中，学生也可以多角度地学习教材，大胆地阐述自己的看法。本设计方案还编入了一些让学生猜测和想象的内容，以发展学生的想象力及不同的思维取向，使学生都有不同程度的发展，尊重学生个性，极大地拓宽学生的发展空间。

　　注重发展性评价和过程性评价，新的评价体系可以达到促进学生全面发展的目的。通过"评一评"环节，师生共同评选最佳作品、优秀作品，并进行全班互评等。课后组织镇纸作品展览。这节课通过欣赏古代镇纸，扩大学生的知识面，提高参与热情。通过构思设计，丰富学生想象力，增强审美能力。通过镇纸制作，学生技法运用得到提高，手脑结合得更好。

　　但是教师在本课的教学中还是发现了一些不足：

　　1. 制作材料使用还比较单调。

　　2. 小组合作过程中分工不够合理。

　　3. 作品造型还不够丰富，学生的想象力还没充分发挥出来。

　　通过这一活动，教师反思自己的教育观念和教育行为，还需不断吸取经验教训，不断修正，不断提高自己的教学水平，相信只要不断学习，最终一定会形成自己的教育教学特色。

（续上表）

九、案例推广办法与经验总结
本课例参与了以下教研展示活动： 　　1. 2016 年 3 月参加了番禺区学科教研活动展示。 　　2. 2016 年 4 月参加了番禺区各科教研活动展示。 　　3. 本课例被评为教育部、广东省、广州市、番禺区 2016 年度"一师一优课、一课一名师"活动"优课"。

【课例7】

Module 5 Travel Abroad Unit 9 Language Focus
电子书包读写课

学校名称	广州市番禺区市桥沙墟一小学	执教教师	王君
涉及学科	小学英语	教学对象	小学六年级学生
教材版本	教科版	课时数	1 课时
学段	☐学前教育　☐特殊教育　☑小学　☐初中　☐高中		
主题类别	☑单学科大单元　☐跨学科大单元　☐其他		
教学环境	☐智慧学习环境　☑多媒体教学环境　☐混合学习　☐其他		
学习空间	教学设备	☑投影　☐一体机　☑交互式白板　☑笔记本　☑平板电脑　☐录播　☐其他	
	学生设备	☑人手一台　☐小组一台　☐同桌一台　☐没有设备	
	桌椅模式	☐单人单桌矩阵　☐双人同桌矩阵　☑小组式圆桌矩阵	

一、案例设计背景与目的

本课时是 Module 5 Unit 9 的第三课时，是一节读写课。教授内容包括根据 travel 的话题复习一般过去式，阅读英语书 P55 Language Focus 和《学习与评价》P69 有关夏威夷和伦敦的介绍及运用思维导图进行写作。本节课通过创设情景，以师生合作的形式激活同学对现在进行时已有的知识基础，让学生在做中学、学中做，给学生充分的空间，提高其研学能力和语言的综合运用能力。

（续上表）

二、教学理念（如基于问题的学习、个性化学习、探究性教学、分层教学等）

　　本节课应用电子书包有效地实施个性化教学：

　　1. 利用电子书包翻转课堂。根据教学内容的重难点以及学生的原有知识，教师推送了关于一般过去时动词变化规律的微课，并在"我的学案"中上传，为不同学习水平的孩子提供了前置性学习的支撑，让学生轻松地自主学习教学重、难点。

　　2. 学生完成层层递进的分享阅读，在电子书包上传自己的完成情况，并根据其他同学的答案进行更正。教师可依此掌握学生的学习效果并进行及时的个别化指导。

　　3. 学生根据思维导图运用语言，学以致用，输入转化为输出，不仅整合知识，还能让学生有条理、有逻辑地写出旅行经历，激发他们对旅游和生活的热爱，在电子书包的互动讨论区进行自由评价。

三、教材与教学内容分析（划分知识点）

　　本课时的话题是谈论去过的地方——旅行。爱玩是孩子们的天性，孩子们喜欢出门旅游，本课主要围绕"分享曾经的旅游经历"，利用电子书包对相关的知识进行整合和重构。通过思维导图，学生能直观地了解到如何介绍旅行经历，深化和拓展语言并滚动复习已有知识，学会综合运用语言。

四、教学目标（三维目标分类或学科核心素养分类）

　　通过本课学习，学生能够明确以下教学目标：

　　1. 通过课前微课、网络资料的学习，联系生活，了解旅游城市的著名景点和文化。（学习理解）

　　2. 通过画线和思维导图，介绍旅行经历并表达自己的想法和意愿，完成知识的串联、整合。（应用实践）

　　3. 通过小组合作阅读和写作，学生提高探究、合作能力。（迁移创新）

　　完成课时目标所需的核心语言如下：

【核心词汇】

climbed, visited, swam, lived, bought, went, walked, tried, studied, travelled

【核心句型】

　　– I … （ed） … last …

　　– Where did you go? I went to …

　　– What did you do…? I … （ed） …

　　– How did you go to …? I went there by…

　　– How did you feel when you…? I felt…

（续上表）

五、教学重难点
1. 教学重点：能口头流利表达自己曾经的旅行经历；能根据调查和思维导图，对旅行经历进行整理，并综合进行描述（写作）。   2. 教学难点：能从分享阅读理解中获取信息，并根据信息有条理、有逻辑性地写出旅行经历。

六、学习者特征分析
本班的学生对英语有着"乐学、先学"的特点，已经掌握了不少的单词，具有模仿老师或课外阅读的说和写的能力。同时，本班从四年级开始就是电子书包的实验班，已经能熟练运用电子书包进行个性化学习，有较好的分析、评价、鉴赏、创造的思维能力。

七、教学环境、工具及资源准备（包括硬件环境和软件资源）
1. 教学环境：班上学生能熟练操作电子书包等设备进行课堂互动。本次课例采取小组围坐的座位模式，学生小组合作氛围融洽。   2. 技术工具、平台、资源：研学案、课件、电子书包。

八、教学活动设计（一个或多个课时）

教学环节	教学内容	教师活动	学生活动	设计意图
Ⅰ. Preparation	1. Game：Sharp eyes 2. Check the rules and homework in the pad	1. 出示动词过去式 2. 查看电子书包互动讨论中的预习帖	1. 大声朗读动词过去式 2. 分享预习成果	通过游戏活动，分享学生在电子书包上的作业情况，不仅复习了旧知识，为新授部分营造一个活泼有趣的学习氛围，同时也调动了学生学习新知识的积极性

（续上表）

教学环节	教学内容	教师活动	学生活动	设计意图
Ⅱ. Input and internalization （Round 1）	1. Sum up the rules of the past form 2. Make sentences to practise the main sentence patterns 3. Guessing game：Where did he/she/they go?	1. 请同学根据课前微课介绍的方法，总结动词过去式的变化规律 2. 出示动词，请同学们分类 3. 出示句型，示范 4. 展示游戏	1. 根据课前微课介绍的方法，总结动词过去式的变化形式 2. 对动词进行变化形式的分类 3. 根据句型进行小组操练 4. 进行猜谜游戏	检测学生自己总结出的动词过去式的规律，输入旅行话题中一般过去时的运用方法。培养学生自己找关键词、句的好习惯，同时为后面的写作任务奠定了基础
Ⅲ. Input and internalization （Round 2）	Share reading	1. 播放夏威夷和伦敦的介绍 2. 提供两个文段 3. 指引学生进行分享阅读	1. 欣赏夏威夷和伦敦的介绍 2. 选择文段进行阅读并和同伴交换检查答案 3. 通过提问分享阅读	通过层层递进的分享阅读，让学生理解到别人的旅行经历，同时提升其跨文化意识
Ⅳ. Output	Writing	1. 引导学生完成写作思维导图 2. 给出写作提示 3. 鼓励学生用 hamburger writing 进行写作 4. 分享写作	1. 完善写作思维导图 2. 学习写作要点 3. 用 hamburger writing 进行写作 4. 在电子书包拍照上传分享自己的作品	根据思维导图进行语言运用，让学生整合知识，激发他们对旅游和生活的热爱。同时，在自由评价时，对评价的要素进行指引，提高学生的鉴赏分析能力

（续上表）

教学环节	教学内容	教师活动	学生活动	设计意图
Homework	1. Go on finishing the passage, e-mail your friend and vote the best passage 2. Enjoy more videos of London and Hawaii in the pad	1. 鼓励学生继续完成写作并在电子书包投票选出最佳作品 2. 提供更多夏威夷和伦敦的介绍	1. 继续完成写作并在电子书包投票选出最佳作品 2. 欣赏更多关于夏威夷和伦敦的介绍	鼓励学生在完成家庭作业的同时，介绍一些好的景点给同伴，观看英国旅游局推广的"伦敦十大经典介绍"等，使课堂延伸到课外，进而起到全面交流的效果

板书设计：Module 5 Travel Abroad

climbed
visited
swam
lived
bought
went
walked
tried
studied
travelled

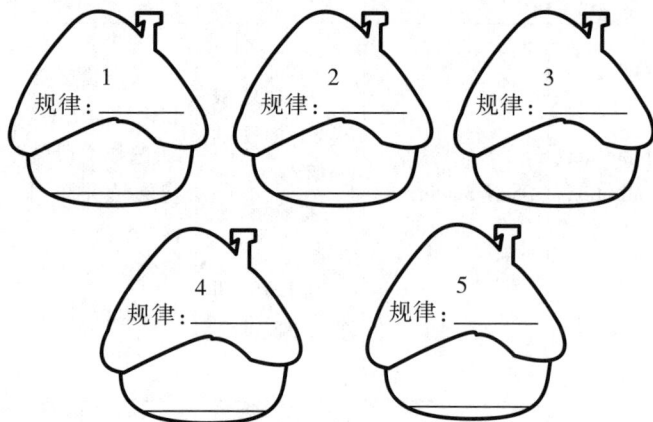

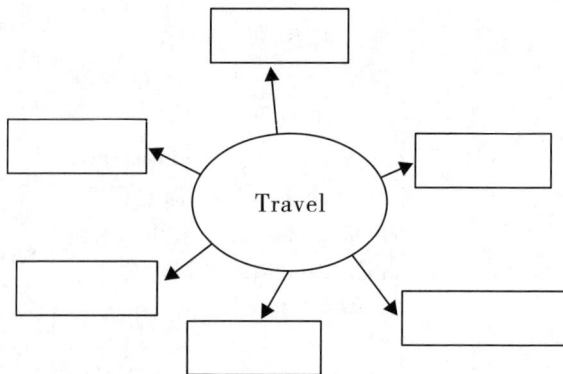

规律：_____ 1

规律：_____ 2

规律：_____ 3

规律：_____ 4

规律：_____ 5

Travel

（续表）

九、研学路线图

Task 5 能描述自己
的旅行经历

Task 4 能补充思维导图

Task 3 能分享阅读

Task 2 能阅读理解篇章

Task 1 能总结动词过去
式的变化规律

十、学习评价设计

1. 本课所使用的评价量规情况。

学习评价设计：

评价项目	自我评价			
	Great！ ★★★★★	Good！ ★★★★	OK！ ★★★	Try Hard！ ★★
看图，补充词组 【Task 1】				
听录音，选出运动 【Task 2】				
电子书包，跟读课文 【Task 3】				
根据提示，猜测图片 【Task 4】				
根据提示，描述图片 【Task 5】				

（续上表）

卢颖琦

木星 23

加关注
查看资料

评论 (1) 鲜花 (5) 鸡蛋 (0)

评论

刘俊言：背得很好！

王君

木星

查看资料

今天，我的收获大吗？对知识掌握得牢固吗？在课堂上有积极发言吗？发展工作中，我有积极出一份力吗？请对自己进行评价。

投票已结束

学习评价

选项	票数
分类动词过去式 【Task 1】 Great!	27(12.11%)
分类动词过去式 【Task 1】 Good!	14(6.28%)
分类动词过去式 【Task 1】 OK!	3(1.35%)
分类动词过去式 【Task 1】 Try Hard!	3(1.35%)
选择篇章阅读理解 【Task 2】 Great!	28(12.56%)
选择篇章阅读理解 【Task 2】 Good!	9(4.04%)
选择篇章阅读理解 【Task 2】 OK!	3(1.35%)
选择篇章阅读理解 【Task 2】 Try Hard!	3(1.35%)
和同桌分享阅读 【Task 3】 Great!	22(9.87%)
和同桌分享阅读 【Task 3】 Good!	14(6.28%)
和同桌分享阅读 【Task 3】 OK!	3(1.35%)
和同桌分享阅读 【Task 3】 Try Hard!	3(1.35%)
补充思维导图 【Task 4】 Great!	23(10.31%)
补充思维导图 【Task 4】 Good!	17(7.62%)
补充思维导图 【Task 4】 OK!	3(1.35%)
补充思维导图 【Task 4】 Try Hard!	3(1.35%)
描述旅行经历 【Task 5】 Great!	23(10.31%)
描述旅行经历 【Task 5】 Good!	14(6.28%)
描述旅行经历 【Task 5】 OK!	5(2.24%)
描述旅行经历 【Task 5】 Try Hard!	3(1.35%)

已投票人数： 35

回复 鲜花 (45) 鸡蛋 (0)

2. 本课例在学生学习过程中使用电子书包对过程性数据进行采集。

（续上表）

十一、教学创新与亮点特色

1. 在本课前置性学习中，利用电子书包翻转课堂，学生能更轻松地进行个性化研学。

2. 学生先上传自己的文章，再浏览其他同学的作品，不但让学生理解到别人的旅行经历，同时提升了其跨文化意识，互相点评和送花的过程也能发现别人的优点和自己的不足。

3. 课后的拓展性作业上，要求学生继续登录"互动讨论区"，根据评价要素继续互相批改习作。在解决了规模化教学的同时，在更高层面让教育回归到个性化教学，解决了传统课堂规模化教学与个性化教学的矛盾。

十二、教学案例反思

本课为小学英语六年级下册 Module 5 Unit 9 的第三课时，话题是谈论去过的地方——旅行，并根据 travel 的话题复习一般过去式。本课的课型为基于电子书包环境下"研学后教"教学模式的小学英语单词读写课。学生们都喜欢旅行，本课时围绕"分享旅游经历"，多技术融合，对知识进行了整合，最后综合运用语言，写出自己的旅行经历。

英语学科经常会面临两极分化的问题。而教育家布鲁姆的掌握学习论指出：只要给予足够的学习时间和适当的教学，几乎所有的学生对几乎所有的学习内容都可以达到掌握的程度。电子书包的应用在本节课中有效地帮助了教师更好地实施个性化教学。

（1）在本课前置性任务中，教师利用电子书包翻转课堂，让学生在微课对本课一般过去时的动词变化规律进行自主学习，达到基本掌握变化规律的程度。由于有微课学习的支撑，课中教师直接对词组的掌握进行检查，让学生在"sharp eyes"游戏中巩固词组、进行内化。

（2）分享阅读也是学生学习的好方法。阅读以后，学生在讨论区根据其他同学的答案进行更正，不但提升了跨文化意识，同时在教育云平台上，拓宽了研学后教课堂的时空，学生的自学能力、表达能力、合作能力、利用网络学习的能力（信息素养）都得到充分的锻炼与提高，教师还可以掌握学生的学习效果并进行及时的个别化指导。

（3）在最后的写作里，学生根据思维导图运用语言，并用 hamburger writing 进行写作。有了前面大量阅读的输入和整合，学生要输出语言就不再困难了，都能轻松地写出自己的旅行经历。同时，在电子书包的互动讨论区进行自由评价时，教师还对评价的要素进行了指引，提高学生的鉴赏分析能力。

（续上表）

（4）课后的拓展性作业上，首先，提供了更多关于夏威夷和伦敦的视频供学生了解这两个城市；同时要求学生继续登录"互动讨论区"，同时"小老师们"还要根据"评价要素"的得分点评价小伙伴们的习作。这就是沙墟一小学的英语 e 课堂，它在解决规模化教学的同时，又能顾及学生的个性化教学。这也是学生高呼"电子书包，想说爱你很容易""我是实验班学生，我自豪"的原因。 当然，这节课还有许多不足之处，如在小组展示的过程中因为时间关系未能展示更多的小组，个别孩子在电子书包模块的使用可以更为熟练，等等。
十三、案例推广办法与经验总结
本课例被评为教育部、广东省、广州市、番禺区 2018 年度"一师一优课、一课一名师"活动"优课"。

【课例8】

认识气温计

学校名称	广州市番禺区市桥沙墟一小学	执教教师	温可佳
涉及学科	科学	教学对象	小学三年级学生
教材版本	教科版	课时数	1 课时
学段	☐学前教育　☐特殊教育　☑小学　☐初中　☐高中		
主题类别	☑单学科大单元　☐跨学科大单元　☐其他		
教学环境	☐智慧学习环境　☑多媒体教学环境　☐混合学习　☐其他		
学习空间	教学设备	☐投影　☑一体机　☑交互式白板　☐笔记本 ☐平板电脑　☐录播　☑其他	
	学生设备	☑人手一台　☐小组一台　☐同桌一台　☐没有设备	
	桌椅模式	☐单人单桌矩阵　☐双人同桌矩阵　☑小组式圆桌矩阵	

一、案例设计背景与目的

　　本课选自教科版小学《科学》三年级上册第三单元第2课。本单元主题为天气，以第1课《关心天气》作为起始课，明确了单元学习主题，为第一阶段。第2课开始则进入第二阶段的学习，对某一项天气特征进行观测研究。本课将带领学生认识并学会如何使用气温计，以便他们能够对天气进行长时间的观察。

　　在现代教育中，如何让信息技术与教学融合是沙墟一小学面临的一大问题，利用好各种多媒体可以使课堂教学内容丰富有趣，也能优化课堂的结构，帮助教师精准评价学生，本课例践行沙墟一小学"三导三学"精准教学模式，充分利用多媒体教学进行课堂优化，提高课堂效率，通过智慧卡的数据反馈精准掌握学生学习情况，及时调整课堂策略，使课堂既生动又高效。

（续上表）

二、教学理念（如基于问题的学习、个性化学习、探究性教学、分层教学等）

　　以培养学生的观察力和想象力，以及批判性思维为目标，以基于问题的学习为指导，旨在让学生在真实的问题情境中体会发现问题、提出问题、解决问题和应用问题的基本思路和方法。

　　课前，通过创设情境，吸引学生兴趣，设置两地同一时间不同温度的对比，延续上一节的认知，询问学生能否读出两地的温度，揭开课题。课中，通过自主研学、小组合作展学、拓展悟学，了解气温计结构，掌握气温计的读数方法及注意事项，联系生活和实际观察找出各种温度计的相同点和不同点。并且深度导练，以智慧卡为依托，进行课堂检测，实时了解学生的掌握情况，做到精准教学。课后，通过分层作业，让每个同学都能养成持续观察的好习惯，同时提升学生的动手能力，学有余力的同学还可以更深入地去探究气温计的相关知识。

三、教材与教学内容分析（划分知识点）

　　聚焦部分，先直述"太阳可以使地球变热"，从宏观的视角，理解太阳热量与气温的关系，然后聚焦问题：用什么工具去测量气温？

　　探索部分，安排三个活动。第一个活动是认识气温计。通过对气温计的观察，知道气温计一般与水温计一样，由液泡、液柱、刻度、单位符号等部分组成，气温的常用单位是"℃"，读作"摄氏度"。需要注意的是："水"单元有过温度计的使用，但并没有强调掌握使用方法。而在这一单元，则要求学生会正确使用气温计。

　　第二个活动是利用气温计模型练习读数。气温计读数对小学生来说是比较难的，特别是零下的读数。利用气温计模型，既解决了实测过程中液柱升降变化难控制的问题，也可以在短时间内多次练习不同数值的读数。

　　第三个活动是观察其他温度计。通过观察活动让学生认识到，除气温计外，还有水温计、体温计，也可根据不同原理分为电子温度计、金属温度计等很多不同类型的温度计，不同的温度计有不同的应用场景。对这部分内容只是简单地了解，不需要做深入的分析。

四、教学目标（三维目标分类或学科核心素养分类）

　　1. 科学概念目标：通过学习，让学生了解气温计是测量气温的专用工具；通过观察气温计，让学生了解气温计的各部分结构，知道"℃"是气温的常用单位，读作"摄氏度"。

　　2. 科学探究目标：通过气温计模型读数练习，让学生掌握气温计的正确读数方法。

　　3. 科学态度目标：通过运用气温计，培养学生对测量气温的兴趣，形成坚持持续观察天气的学习习惯。

　　4. 通过练习使用气温计，让学生明白工具的使用能提高观测气温的精确性。

（续上表）

五、教学重难点
1. 教学重点：利用气温计模型进行多次练习，掌握气温计的正确读数方法。 2. 教学难点：掌握零下温度的正确读数。

六、学习者特征分析
三年级学生对天气的认识还停留在感官的感知，或听家长、天气预报对天气的描述。他们没有借助过科学工具对天气的一些基本特征进行观察、记录和分析活动。气温计是测量气温的专用工具，使用气温计可以测量周围空气的温度，可以知道沙墟一小学所在区域的气温。学生在"水"单元中已经学习了温度计的使用方法，并用温度计测量过水的温度。本课将在此基础上利用气温计模型练习并掌握气温计的正确读数方法。

七、教学环境、工具及资源准备（包括硬件环境和软件资源）
1. 教学环境：市桥沙墟一小学三（2）班共47人，班上学生能熟练操作交互式白板、平板终端及智慧卡等设备进行课堂互动。本次课例采取小组围坐的座位模式，学生小组合作氛围融洽。 　　2. 技术工具、平台、资源：交互式白板、智慧卡、班级优化大师。 　　3. 实验材料：气温计12支。

八、教学活动设计（一个或多个课时）

教学环节	教学内容	教师活动	学生活动	设计意图
课前： 情境激趣 导入新课	激发学生兴趣，使学生初步了解气温及气温计	情景导入： 巧虎和好朋友琪琪打电话，分享自己在北方堆雪人的乐趣，琪琪去旅游的地方却很热。同样是冬天，不同的地域的景色为什么不同？ 教师马上出示：巧虎和琪琪所在地的气温计图片。原来是气温不一样。 提问：你能读出这两幅图中气温是几摄氏度吗？ 揭题：认识气温计	观看视频，引起兴趣，思考问题	创设情景，吸引学生注意力，设置冲突，引发学生思考，揭开课题

（续上表）

教学环节	教学内容	教师活动	学生活动	设计意图
课中： 自主研学 认识新知	认识气温计的结构	阅读资料，回答以下问题： 1. 气温计是用来测什么的？又称作什么？ 2. 气温计由哪几部分组成？ 3. 气温计上常用的温度单位是什么？（投屏） 小结：我们初步认识了气温计。气温计一般由液泡、液柱、刻度和单位符号四部分组成。温度的单位有摄氏度和华氏度，常用的温度单位是摄氏度，用符号℃表示	1. 带着问题认真阅读课本 2. 完成研学任务单上的填空	气温计的结构比较简单，让学生通过阅读资料的方式找到气温计的结构，初步对气温计形成认知
课中： 趣味闯关 合作展学	了解气温计的使用	气温计是怎样使用的呢？让我们通过闯关游戏来学习吧！ 第一关：读一读 提问：这两幅图中的气温是多少摄氏度呢？ 1. 小组讨论：你是怎么进行读数的？交流结果 2. 小结：读数口诀：零刻度，读数起；向上数，摄氏几度；向下数，零下几度 3. 练习：那么你能读出巧虎和琪琪所在地的气温吗？利用智慧卡进行读数练习	1. 集中注意力，认真听好游戏规则 2. 深度思考，展开小组交流 3. 汇报分享小组成果	设置闯关情境，引入小组奖励机制，激起学生的好胜心，引起学生注意 第一关：小组合作交流，找出正确的读数方法。尤其注意0以下的读数，并且总结好口诀 利用智慧卡推送读数题，及时检测学生的掌握情况，针对学生选择情况调整后教策略 课堂互动活动，多次练习巩固读数

（续上表）

教学环节	教学内容	教师活动	学生活动	设计意图
课中： 深入思考 融会贯通	练习使用 气温计	第二关：想一想 请同学们读一读，今天的气温是几摄氏度？ 汇报读数结果 提问：读数都一样吗？为什么会出现这样的情况？ 小组交流、汇报 播放微课视频，总结归纳 小结：读数的过程中要注意不要离气温计太近，也不要用手碰到液泡，要平视液面读数	1. 读出气温计上的气温 2. 集思广益，思考哪些因素导致了读数的不同 3. 观看视频总结应该怎么正确使用气温计	每个小组读数不一致，引起冲突，问题导向探究：为什么出现这样的情况？学生集思广益，归纳读数中的注意事项
课中： 联系生活 观察归纳	了解不同的温度计及其使用特点	第三关：找不同 （1）出示一杯水：应该使用哪种温度计测量水温呢？ （2）大家知道这些温度计各有什么用吗？ 观察三种温度计有什么相同点和不同点 （3）简单小结各种温度计的使用特点	认真观察，对比不同温度计结构上的相同点和不同点	学生从课堂的活动中延伸，了解认识各种各样的气温计。并探究气温计、水温计、体温计的相同点和不同点，理解不同工具有不同的测量对象和测量范围，要选用合适的工具
课中： 巩固应用 深度导练	习题巩固，精准教学	1. 利用知好乐双课堂推送练习题给学生，并让学生使用智慧卡答题 2. 根据智慧卡反馈的数据结果进行评价	利用智慧卡进行练习	通过练习，巩固新知；采用智慧卡，及时检测和了解学生的学习情况

（续上表）

教学环节	教学内容	教师活动	学生活动	设计意图
课中： 归纳总结 交流心得	总结回顾 本课内容	询问有没有学生愿意分享这节课的所学内容	分享自己这节课的收获	通过总结，帮助学生回顾所学知识，同时养成乐于分享、交流的态度
课后： 分层练习 拓展悟学	分层教学， 拓展延伸	布置分层作业： 1. 继续完善天气日历，记录每天的气温 2. 自制气温计模型并和同桌一起互相练习读数 3. 有兴趣的同学可以查找摄氏度和华氏度有什么不同，温度计的原理是什么	1. 必做：持续记录，动手制作气温计模型，并练习读数 2. 选做：查找资料，更深层次了解气温计	让学生养成持续观察记录的科学态度，课后自己动手制作气温计模型，对气温计的结构会更加清晰，学有余力的同学还可以去了解摄氏度和华氏度的不同

板书设计：

2．认识气温计

读作：	写作：	单位符号
三十八摄氏度	38℃	刻度
零摄氏度	0℃	液柱
零下五摄氏度	-5℃	液泡

九、教学流程图

情境激趣，导入新课 → 自主研学，认识新知 → 趣味闯关，合作展学 → 深入思考，融会贯通 → 联系生活，观察归纳 → 巩固应用，深度导练 → 归纳总结，交流心得 → 分层练习，拓展悟学

十、学习评价设计

本课例使用智慧卡对学生学习过程性数据进行采集。

（续上表）

十一、教学创新与亮点特色
根据沙墟一小学"三导三学"教学模式，采用交互式白板，结合小组合作探究形式进行知识闯关，学生带着问题自主研学、合作展学、拓展悟学。运用智慧卡学习，提升课堂练习的效率，根据智慧卡收集的数据可以做到实时反馈、及时评价调整策略，体现精准教学。
十二、教学案例反思
本节课选自教科版《科学》三年级上册第三单元第二课。对于三年级的学生来说，他们对天气有一定的了解，这在前一节课的学习中也有所认识。但是他们对于天气还停留在感官的感知，或听家长、天气预报对天气的描述。他们没有借助科学工具对天气的一些基本特征进行观察、记录和分析活动。本节课的学习内容是要让学生通过观察气温计的构造，了解气温计是测量气温的专用工具并掌握正确的读数方法。在第一单元的学习中，学生已经了解并使用过温度计去测量水的温度，因此这节课对学生来说不会太难，知识上是有一定的衔接的。因此在教学活动的设计上，我选择了读书指导法、小组合作探究法来组织教学，践行多技术融合下的"三导三学"精准教学模式。反思教学活动的整个过程，我认为有以下几点是做得较好的： 　　（一）运用技术手段，有效把控课堂节奏 　　本节课导入环节借助希沃白板的一些小工具如动画、音效，让原本简单的视频导入过程变得生动有趣，巧妙地设置了一定的悬念，让学生猜小伙伴是谁，再导入视频，学生能够很容易把注意力集中到这个课堂上来。 　　同时，运用班级优化大师，对学生的课堂表现进行评价，通过有效的正反馈，把控课堂的学习氛围。 　　在成果的展示环节，也运用了希沃白板的即时投屏功能，将学生的研学结果投放到屏幕中，学生会获得成就感，同时也减少了传统方式下使用投影仪的烦琐，非常方便快捷，减少了课堂时间的浪费。 　　（二）巧设情境，问题导向，转变学生学习方式 　　本节课采取了闯关学习模式，每一个关卡都由问题驱动。学生做学习的主人，自主进行小组合作探究，找到答案。例如在闯关的第一关，他们具备自己解决这个问题的能力，因此我设计让学生带着问题去阅读课本上的内容并观察气温计的结构，这样学生能产生一种效能感。在第二关中，设置了合作学习的环节，可以锻炼他们的小组合作、交流能力，并且在展示的环节也可以锻炼他们的表达能力。 　　（三）技术赋能，实现精准教学 　　在课程的最后，我利用知好乐平台下的双课堂智慧卡应用来检测学生的学习情况，通过双课堂出示这节课的练习题。学生利用手上的智慧卡同步答题，答完后教师可以立刻查看答题的数据。运用智慧卡来辅助教学，一是可以让教师在课中借助智慧卡的答题反馈，了解学生的知识掌握情况，及时调整后教策略，实现精准教学；二是在课后也可以让学生深度导练，总结提升。 　　但是这节课依然有不够完善的地方：

（续上表）

（一）技术手段的使用可以更加贴合本节课的教学设计 例如班级优化大师的使用，其实可以贯穿整个教学的全过程。但是目前没有完全发挥其作用，在常规的课堂上可以经常用这个软件表扬学生。 （二）可以采用多种技术手段作为辅助工具 在小组展示的环节上，如果可以给小组一个小小的麦克风进行分享，或是让他们用手机或平板来投屏分享，或许学生的参与度会更高，更加容易形成正向的激励机制，既能调节课堂的氛围，又能让学生做回学习的主人。在观察气温计这个环节，也可以利用中央电化教育馆虚拟实验教学服务系统，将气温计模型展示给同学们看，也许同学们对照实物、模型、简图，能更加直观地看到三者的共同结构和不同。 （三）可以在课堂中渗透德育 气温计这一节课中的德育内容其实是比较少的，学生对于气温计的了解和认识是在知识层面，在生活中他们也对天气和温度有所了解，但这也远远不够。在导入部分通过两个地点的气温不同，教师提出了让学生来读一读气温计的读数，这里可以更加深入地联系生活，例如零下40摄氏度的环境对人来说是怎样的感受，再对比在电影《长津湖》的极寒严酷环境中，中国人民志愿军东线作战部队凭着钢铁意志和英勇无畏的战斗精神，扭转了战场态势，为长津湖战役胜利做出重要贡献，以此渗透爱国主义教育。 除此之外，教师对课堂氛围的调控和针对学生回答的生成反馈评价等能力还略有不足，今后仍需不断学习并改进。
十三、案例推广办法与经验总结
本课例参加了2021年12月10日番禺区第三期"融·乐"智慧课堂展示活动。

【课例9】

网络新世界

学校名称	广州市番禺区市桥沙墟一小学	执教教师	叶婉均
涉及学科	道德与法治	教学对象	小学四年级学生
教材版本	部编版	课时数	1课时
学段	□学前教育 □特殊教育 ☑小学 □初中 □高中		
主题类别	☑单学科大单元 □跨学科大单元 □其他		
教学环境	□智慧学习环境 ☑多媒体教学环境 □混合学习 □其他		
学习空间	教学设备	□投影 ☑一体机 ☑交互式白板 ☑笔记本 ☑平板电脑 □录播 □其他	
	学生设备	□人手一台 ☑小组一台 □同桌一台 □没有设备	
	桌椅模式	□单人单桌矩阵 □双人同桌矩阵 ☑小组式圆桌矩阵	

一、案例设计背景与目的

  本课是部编版《道德与法治》四年级上册第三单元"信息万花筒"的第二课。第一板块"新世界很精彩"从"互联网生活小调查"入手，了解每个人在丰富的网络生活中的状态。通过网络购物、远程教育等具体引入，让学生认识到网络世界的精彩，感受到网络给生活带来极大的便利。第二板块的话题是"新世界有规则"，介绍了网络空间中的种种不安全因素，对学生的网络交往行为提供指导，引导学生既要学会保护自己，又要做到不伤害他人，从而提升青少年的网络道德水平。本课内容"法""理"结合，旨在培养学生的法治意识，养成法治思维，提升网络素养。

（续上表）

二、教学理念（如基于问题的学习、个性化学习、探究性教学、分层教学等）

本课教学践行了番禺区研学后教 3.0 版"融·乐"课堂理念，融通多形式信息技术，高效实施沙墟一小学"三导三学，精准教学"教学模式。

首先，课前进行问题导向：教师以粤教翔云数字教材应用平台 3.0 及智慧卡为媒介，提前推送课前资源，完成"互联网小调查"，让学生提前进行自主研学。教师通过学生课前研学反馈结果，诊断学生的学习起点，及时调整教学安排；修改评价量表，为后续实现"教—学—评"做准备。

其次，课中引导学生开展合作研学。学生在小组讨论交流中对网络在生活中的应用进行分类汇总，在讨论、分享的过程中体会到网络给日常生活带来的各种便利。借助 C30 智能教学，展示讲解学生小组讨论成果，实时评价。借助粤教翔云数字教材应用平台 3.0 推送视频学习资源，拓宽学生视野，了解互联网在扶贫等方面的应用。小组合作学习能激发学生参与课堂学习活动的动力，给学生创造更多交流自我想法的机会，学生学习主体性地位得到较高的体现。学生在小组合作活动中积极交流讨论，互帮互助，学习兴趣得以充分调动；在小组汇报时，引导学生学会倾听和思考，积极大胆地补充个人意见或提出不同的见解。在学生进行"网络安全技巧"竞赛时，运用班级优化大师倒计时功能，有助于营造紧张刺激的课堂气氛，调动学生学习的热情；在学生汇报分享时，运用班级优化大师点评功能，实现对学生学习情况的伴随式评价。通过小组汇报、趣味竞赛等形式，让学生畅所欲言，既活跃了课堂气氛，又调动了学生学习的积极性。这是在教学中所采用的"带有玩的色彩而又与学习内容配合"的活动方式，加深学生对网络利与弊的认识，让他们进一步理解心中有规则才能保护好自己。紧接着，通过公益广告、法律讲座、法制新闻等活动，让学生在思辨中真切感受到明德守法、尊重他人的必要性。

课后引领学生拓展悟学。通过学生分享学习心得、对自己的课堂表现进行评价，教师推送课后趣味任务及教师寄语，让学生沉浸在"遵规守矩，保护自己；明德守法，尊重他人"的氛围中，旨在激发学生自发成为一名安全文明上网的好学生。

三、教材与教学内容分析（划分知识点）

部编版《道德与法治》四年级上册第三单元"信息万花筒"紧扣现代媒介发展，引导学生文明、健康、安全地使用媒介，培养信息甄别、自我管理的能力，提升自我媒介素养，养成健康的生活方式。其中《网络新世界》一课，旨在让学生感受网络给现代生活带来的变化，能安全、文明地使用网络，辨析网络游戏的是与非，在网络游戏时学会自我管理。在执教本课时，为学生提供各种真实体验的机会和平台，让学生以自我认知在场、他人认知重构、社会意识生发，促进社会情感能力的内化、整合和生长。

（续上表）

四、教学目标（三维目标分类或学科核心素养分类）
1. 通过自主思考、合作交流、课堂游戏等活动，了解网络给生活带来的便利及安全风险，形成自觉遵守网络规则意识，安全上网，保护自己。 2. 通过情景体验、法律讲堂等活动，懂得客观公正地对待网络信息，讲究网络道德，文明上网。

五、教学重难点
1. 教学重点：了解网络在现代生活中的应用，感受网络世界的精彩。明白网络有利有弊，懂得自觉遵守规则，保护自己。 2. 教学难点：客观公正地对待网络信息，讲究网络道德，文明上网。

六、学习者特征分析
四年级学生处于从中年级向高年级的过渡期，他们经过三年多的课程学习，具有一定的社会经验和是非分辨能力。四年级学生对网络等新媒介接受快、依赖度高，再加上自制力虽初步形成但是不够持久，对人和事物的认识逐渐由形象思维向抽象思维过渡，网络中复杂的信息容易使其道德行为失范，网络犯罪行为也困扰着学生。

七、教学环境、工具及资源准备（包括硬件环境和软件资源）
1. 教学环境：市桥沙墟一小学四（2）班共47人，班上学生能熟练操作交互式白板、平板终端及智慧卡等设备进行课堂互动。本次课例采取小组围坐的座位模式，学生小组合作氛围融洽。 2. 技术工具、平台、资源：交互式白板、粤教翔云数字教材应用平台3.0、智慧卡、班级优化大师、C30智能教学、平板移动终端。

八、教学活动设计（一个或多个课时）

教学环节	教学内容	教师活动	学生活动	媒体资源及设计意图
课前： 问题导向 诊断学情	预学摸查	推送资源： 1. 互联网科普视频 2. 发布《互联网小调查》问卷	1. 浏览课前资料包 2. 完成《互联网小调查》问卷	1. 粤教翔云数字教材应用平台3.0 2. 智慧卡 设计意图：依据沙墟一小学"三导三学，精准教学"教学模式，学生在粤教翔云数字教材应用平台3.0根据预学任务单开展线上自主研学。根据学生课前研学反馈结果，教师能精准诊断学生的学习起点，便于教师及时调整教学进度和方案，修改评价量表

（续上表）

教学环节	教学内容	教师活动	学生活动	媒体资源及设计意图
课中： 创设情境 激趣导入	激发学生学习兴趣，初步体会网络的便利	情境导入，激发兴趣 1. 创设情境，游览数字故宫 2. 提问：通过"网络故宫游"，你有什么感受？	1. 游览故宫，激发兴趣，感悟网络的便利 2. 分享感受	1. C30 智能教学 2. 交互式白板 设计意图：借助 C30 智能教学实现创设"故宫旅行"情景，激发学生兴趣。学生分享时初步感受网络为生活带来的便利
课中： 活动一 网络世界 真精彩	了解网络在日常生活中带来的各种便捷服务，让学生全方位感受网络生活带来的积极影响	1. 出示课前调查结果，提问：请分享自己使用网络的经历 2. 提问：网络为我们的生活带来哪些便利？你还知道哪些网络新事物？ 3. 巡视小组讨论情况，点拨、点评 4. 播放视频：网络在宇宙空间站、扶贫等方面的应用 5. 总结：网络世界丰富多彩，为我们的日常生活提供极大的便利	1. 回顾课前调查，分享自己使用网络的经历 2. 边看课本P59 边思考：网络为我们的生活带来哪些便利？你还知道哪些网络新事物？ 3. 小组交流、讨论，自选形式进行汇报 4. 小组汇报展示 5. 观看网络在宇宙空间站、扶贫等方面的应用	1. 智慧卡 2. C30 智能教学 3. 粤教翔云数字教材应用平台3.0 设计意图：依托沙墟一小学多元导学、合作展学教学方式，通过自主思考、学生交流讨论、小组代表汇报等环节，使学生在思考、讨论、分享的过程中感悟网络为我们的日常学习带来各种便利。借助 C30 智能教学，展示讲解学生小组讨论成果。通过粤教翔云数字教材应用平台3.0 推送课外拓展视频资源，拓宽学生视野，让他们了解互联网在其他方面的应用。在本环节中，利用班级优化大师点评功能，实现对学生学习过程中的伴随式评价，以评促学，激发学生学习兴趣

（续上表）

教学环节	教学内容	教师活动	学生活动	媒体资源及设计意图
课中： 活动二 网络规则 我遵守	了解规则在网络世界的重要性。在活动中学生明白遵守规则才能保护自己。通过课堂游戏，增强学生对网络安全防护小技巧的积累	1. 提问：如果不遵守 P60 上的规则，我们可能会遇到什么麻烦？你还知道哪些网络安全小技巧？ 2. 分组抢答竞赛 3. 出示课外网络安全小技巧 4. 总结：在网络生活，我们只有遵守规则，才能保护自己 板书： 遵规守矩 保护自己	1. 边看课本 P60 边思考：如果不遵守上面这些规则，沙墟一小学可能会遇到什么麻烦？你还知道哪些网络安全小技巧？ 2. 同桌交流 3. 学生分享自己的看法 4.《网络安全技巧我知道》竞赛游戏 5. 自由朗读课外网络安全小技巧	班级优化大师 设计意图：通过思考、交流、分享，让学生在活动中感悟网络生活存在的风险，明白遵守规则的重要性，掌握必要的网络安全技巧。通过"网络安全技巧"竞赛游戏，再次强化学生对网络安全技巧的认识。在学生进行"网络安全技巧"竞赛时，运用班级优化大师倒计时功能，调动学生学习热情，营造紧张刺激课堂学习氛围
课中： 活动三 网络文明 我践行	通过案例引导学生思考网络不良行为给别人带来的后果。结合公益广告、法律讲坛以及《全国青少年网络文明公约》，融合法制教育，引导学生在多形式的活动中感悟，从而自觉遵守网络规则	1. 出示陈博晓的故事，提问：陈博晓错在哪？可能会带来什么伤害？ 2. 科普相应法律法规，提醒学生，造谣和使用黑客软件造成不良影响需要承担法律责任 3. 播放公益广告	1. 边听故事边思考：陈博晓错在哪？可能会带来什么伤害？ 2. 独立思考，回答问题 3. 观看公益广告 4. 智慧卡答题：如果你在网上看到这个视频，你会怎么做？ 5. 分享自己的看法 6. 完整观看广告后，思考：	1. 智慧卡 2. 粤教翔云数字教材应用平台3.0 设计意图：利用智慧卡快速检测学生学情，针对学生选择情况调整后教策略。通过粤教翔云数字教材应用平台3.0推送公益广告及法律讲坛，培养学生换位思考的能力，让学生在思考与法制教育中感悟网络生活也需遵守法规、尊重他人

（续上表）

教学环节	教学内容	教师活动	学生活动	媒体资源及设计意图
课中： 活动三 网络文明 我践行		4. 智慧卡提问：如果你在网上看到这个视频，你会怎么做？ 5. 根据学生选择情况，追问：为什么你会选择这么做？ 6. 播放视频 7. 根据智慧卡选择情况，追问： ①在了解真相之后，你还会谴责老板娘吗？ ②如果你是老板娘，你有什么感受？ 8. 小结：刚才看到的就是网络暴力，除了辱骂他人以外，起哄怂恿别人做伤害自己的事也是网络暴力。引发网络暴力不仅会伤害他人，自己还需要承担法律后果 9. 出示网络暴力新闻 10. 播放视频：中国政法大学罗翔教授法律讲坛	①了解真相之后，你还会谴责老板娘吗？ ②如果你是老板娘，你有什么感受？ ③你从这个故事明白了什么道理？	

（续上表）

教学环节	教学内容	教师活动	学生活动	媒体资源及设计意图
课中： 活动三 网络文明 我践行		11. 提问：通过这些故事，你明白了什么道理？ 12. 总结：互联网信息庞杂，所见未必是全貌。2017 年 6 月 1 日《中华人民共和国网络安全法》正式施行，为的就是保障网络安全，保护大家的合法权益。我们要明德守法，尊重他人。 板书： 明德守法 尊重他人		
课中： 归纳总结 交流心得	总结回顾、自我反思及评价，教师精准点拨、帮扶学生	1. 提问：这节课你有什么收获？ 2. 智慧卡发布学习点评 3. 提问：默读《全国青少年网络文明公约》，说说自己的发现 4. 针对学生自主评价情况，点拨、帮扶学生 5. 总结：网络生活丰富多彩，但也要注意保护自己，尊重他人，文明安全上网	1. 分享自己的收获 2. 默读《全国青少年网络文明公约》，说说自己的发现 3. 齐读《全国青少年网络文明公约》 4. 使用智慧卡进行学习点评	智慧卡 设计意图：通过智慧卡快速掌握学生学习情况，针对学生的自主点评情况点拨、帮扶学生。学生通过总结，回顾所学的知识

157

（续上表）

教学环节	教学内容	教师活动	学生活动	媒体资源及设计意图
课后： 联系生活 拓展悟学	分层教学， 拓展延伸	1. 布置分层任务 2. 推送网络安全科普视频资源	1. 组内完成一份《网络安全文明承诺书》，下周班会课完善后，全班签名并贴于班上，大家共同执行 2. 为身边亲友科普网络安全及网络文明知识，当一名小小宣传员 有兴趣的同学可到粤教翔云数字教材3.0平台浏览"你的密码是怎么泄露的?"等网络安全科普视频	粤教翔云数字教材应用平台3.0 设计意图：通过粤教翔云数字教材应用平台3.0发布分层趣味任务，让学生在生活中继续深化所学知识，辐射身边亲友

板书设计：

遵规守矩　　　　　网络新世界　　　　明德守法

(((Wi-Fi)))

保护自己　　　　　　　　　　　　尊重他人

九、教学流程图

问题导向诊断学情（课前）→ 创设情景激趣导入（课中）→ 活动一网络世界真精彩（课中）→ 活动二网络规则我遵守（课中）→ 活动三网络文明我践行（课中）→ 归纳总结交流心得（课中）→ 联系生活拓展悟学（课后）

诊断学情　　　　情境创设　　　多元导学　　感悟导行　　　　　总结回顾　　　拓展悟学

（续上表）

十、学习评价设计

1. 本课所使用的评价量规如下：
（1）我明白网络既可以为我们生活提供便利，同时也会有安全风险。（　　）
　　　A. 完全明白
　　　B. 基本明白
　　　C. 我只了解一部分
（2）我明白在网络上不仅需要学会保护自己，还要做到不伤害他人。（　　）
　　　A. 完全明白
　　　B. 基本明白
　　　C. 我只了解一部分
（3）我在网络生活中能做到遵规守矩，保护自己，明德守法，尊重他人。（　　）
　　　A. 我一定能做到
　　　B. 我基本可以做到
　　　C. 有人监督下我能做到
2. 本课例使用智慧卡对学生学习过程性数据进行采集。

十一、教学创新与亮点特色

　　多形式的信息技术手段结合沙墟一小学"三导三学"精准教学模式能精准把握学情，以学定教；采用多种互动形式进行课堂教学，创设活跃教学氛围；利用大数据分析的信息化手段，精准关注个体差异。教师教学时以学生为中心，鼓励合作学习、交流讨论，组织学生开展自我反思与评价，以及通过实践、反馈、指导等来培养学生；课后利用平台推送课后拓展资源，布置个性化作业，根据数据反馈精准回顾讲评，通过平台展示学生课后拓展学习成果，深化课堂教学效果，让学生真正成为创新学习的主人。

十二、教学案例反思

　　"双减"教育背景下，发挥多样化信息技术精准高效、形式多样、资源丰富的应用特色，打造更立体、更生动的道德与法治课堂，调动小学生参与学习和讨论的积极性，以丰富多样的教育资源，增添了课堂教学的感染力，更好地为课堂教学服务，为学生个性化发展服务，体现当下道德与法治教育的趣味性、实用性与效率性。学科教学与信息技术的整合是课程改革的一个方向，沙墟一小学致力于将多样化的信息技术有机融合在道德与法治教学中，下面将以四年级上册第三单元第八课《网络新世界》教学为例谈谈我的几点做法：
　　（一）巧用信息技术预学摸查，调整方案
　　在以往的备课环节，教师对学生学情分析的把握常源于经验或直观感受，缺少大数据精准分析。但在信息技术支持下，教师可根据学生预学情况精准把握学生学情，以学定教，及时调整教学方案和学生评价量表。在执教《网络新世界》一课时，课前进行问

（续上表）

题导向，精准把握。我以电子书包及智慧卡为媒介，提前在粤教翔云数字教材应用平台3.0推送预学资源及预学任务单，学生依据任务单要求逐步完成课前自主研学。教师通过平台反馈数据，诊断学生学情，依此调整本课教学方案。

（二）巧用信息技术导入课堂，乐学乐思

借助多样化的信息技术手段，教师通过 AR、视频、图文、音乐等形式激发学生的学习兴趣。在《网络新世界》一课中，教师借助 C30 智能教学实现创设"故宫 AR 旅行"情景，激发学生兴趣。学生分享时初步感受网络为生活带来的便利。

（三）巧用信息技术活跃课堂，搭建舞台

《道德与法治》的教育目的是培养人的思想品质，规范人的行为。教师可巧用信息技术进行课堂教学，学生能在多样化的情境活动中感悟、导行。如在《网络新世界》一课，课中引导学生开展合作研学，精准指导。学生在小组讨论交流中对网络在生活中的应用进行分类汇总，让学生在讨论、分享的过程中体会到网络给人们日常生活带来的各种便利，借助电子书包拍照呈现，将学生的思维成果可视化。借助 C30 智能教学，展示讲解学生小组讨论成果，全局对比讲评。借助粤教翔云平台推送视频资源，拓宽学生视野，帮助学生了解互联网在空间站及扶贫等方面的应用。小组合作学习能增强学生学习的动力，学生在讨论、活动中互帮互助，充分思考。在课堂教学中，运用班级优化大师倒计时和点评功能，营造紧张刺激的课堂氛围，落实伴随式评价。通过小组汇报、趣味竞赛等形式，让学生畅所欲言，调动学生学习积极性，加深学生对网络利与弊的认识，进一步理解心中有规则才能保护好自己。

（四）巧用信息技术高效互动，精准指导

高效精准、数据分析的信息化手段能让教师精准有效地关注到学生个体差异。如在《网络新世界》思辨会中，教师通过智慧卡即时收集学生对事件的真实反应。结合智慧卡调查结果，教师通过问题链引导学生深度思考，培养学生换位思考的能力，学生在法制教育活动中感悟网络生活也需遵守法规、尊重他人。在自我评价阶段，教师通过智慧卡快速掌握学生学习情况，针对学生的自主点评情况点拨帮扶学生。通过课上的高效互动，教师有效关注学生的差异性和生产性，更好地提升教学效率及质量，打造高效课堂。

（五）巧用信息技术延伸课堂，落实"双减"

"双减"教育背景下，更应注重学生个性化发展。学生根据课堂学习情况开展拓展学习，针对性地查漏补缺；教师布置精准性强的作业，同时也需注意减轻批改压力，只有这样才能让师生共同减负增效。课后引领学生拓展悟学，提质减负。《网络新世界》的课后个性化作业便是借助粤教翔云数字教材应用平台3.0为学生推送分层拓展任务，不同能力水平的学生均能在分层拓展学习中将课堂所学延伸到生活中去。"双减"强调减轻学生作业压力，但减轻教师负担也至关重要。部分批改压力可以通过信息化技术解决。如教师通过智慧学习卡创设的竞赛题目可交由系统自动批改，教师可以根据数据反馈精准回顾讲评，大大减轻教师负担。除此以外，教师可通过平台展示学生课后拓展学习成果，在生生分享、点评的过程中再次深化所学知识。

（续上表）

　　总之，让学生接受全面的素质教育，让教学回归人本位是"双减"政策的本意；多形式的信息技术手段结合沙墟一小学"三导三学"精准教学模式让每个学生都能得到全面而有个性的发展。未来，多样化的信息技术手段与《道德与法治》教学的融合，能有效调动学生的学习积极性，深化课堂教学效果，让学生真正成为创新学习的主人。

十三、案例推广办法与经验总结

　　1. 2021 年 12 月 10 日参加番禺区第三期"融·乐"智慧课堂展示活动。

　　2. 2022 年 5 月 24 日参加广东省中小学"百千万人才培养工程"培养对象走进乡村"云送教"活动（肇庆封开站）。

　　3. 2022 年 6 月 15 日参加东城小学、沙墟一小学、螺山小学三校教研活动"融乐课堂显高效，教研共进展风采"。

　　4. 2022 年 7 月 14 日参加番禺区"融乐智慧提质增效"分享会，内容为：聚焦智慧课堂，助推精准教学——以《网络新世界》为例的多技术融合的"三导三学"精准教学模式课例交流研讨。

智慧教育论文汇编

在智慧教育理念下，沙墟一小学人深切体会到"教育是做的哲学之魅力"，智慧教育体现在教育教学的方方面面，尤其是通过组建学习共同体，进行多元混合式研训、开展课题研究、深化课堂变革行动等，进一步激活了教师发展的内驱力，让教师评价和团队评价并进，以教师专业化成长促进管理团队进步，为教育教学改革护航，助推教育高质量发展。在此基础上，学校结合校本特色勇于创新、积极参与、深挖成果，本节呈现的论文汇编相关研究内容便是智慧教育研究成果之一，也是沙墟一小学教育信息化从 1.0 到 3.0 的代表性成果。其中，由潘文清等人撰写的论文《电子书包环境下小学语文"三导三学"教学模式研究》在混合学习国际会议暨教育技术国际研讨会宣读并在其核心刊物 *Blended Learning Aligning Theory with Practices* 发表。

基于核心素养的小学习作
微课教学策略初探①

《小学语文新课程标准》指出，小学阶段的语文课程，必须面向全体学生，使学生获得基本的语文素养。而就习作而言，写作是运用语言文字进行表达和交流的重要方式，是创造性表述的过程。在习作教学中应注重培养学生观察、思考、表达和创造的能力。[1]

翻转课堂是使传统的"课堂上听教师讲解，课后回家做作业"的教学习惯、教学模式发生"颠倒"或"翻转"，变成"课前在家里听、看教师的视频讲解，课堂上在教师指导下做作业（或实验）"。在这种教学模式下，学生能够在课堂中更专注于主动的基于项目的学习，从而获得更深层次的理解。在课后，学生自主规划学习内容、学习节奏，教师则采用讲授法来满足学生的需要和促成他们的个性化学习，其目标是让学生通过实践获得更真实的学习。

依据翻转课堂理论，新形势下的小学语文习作教学应该注意教学理念、教学组织形式和师生角色的转变，并提供适当的环境与资源的支持。

一、习作微课教学的特点

微课是一种全新的资源表现形式，其具有"短小精悍"的鲜明特征，具体表现为"情景真实、主题突出、资源多样、形式灵活、交互性强、动态生成、便于传播、应用简单"等优点。因其围绕某一个知识点、一个现象、一个案例而展开教学，其应用于习作教学有着其他资源无可比拟的优势，因此，它天然地为教师的习作课堂教学应用和学生的习作个性化碎片化学习创造了便捷条件。

---

① 本文为潘文清撰写，发表于《新作文·中小学教学研究》2019年2月总第398期教学论坛栏目。

（一）针对性强

微课的教学内容主要是针对某一个具体的知识点而展开制作，这个知识点是教学内容的重、难点，也是组成微课内容的核心。考虑到课时安排和需要，微课时长一般为 5 至 8 分钟，最长不超过 10 分钟。因此，相对于传统课堂的教学时间来说，"微课"可以称为"课堂中的小课堂"。

（二）短小精悍

"微课"主要是为了突出课堂教学中某个学科知识点，如重、难点的教学或是反映课堂中某个教学环节、教学主题的教与学活动，这就决定了微课内容必须短小精悍。资源容量较小，主要是为了在线观看案例、教案等，以便满足师生灵活查看、随时下载的需要，实现移动式学习。

微课课堂与传统课堂各有优势，具体如表 1 所示：

表 1　微课课堂与传统课堂的优势与劣势对比

	优势	劣势
微课课堂	1. 随时随地网络学习 2. 内容少，效果立竿见影 3. 易搜索、易传播、应用范围广	1. 碎片化，不系统 2. 不适合长期学校教学，可以作为教学辅助、链接
传统课堂	1. 有利于师生情感的交流 2. 有利于学生思维能力的培养 3. 是几千年教学模式的结晶 4. 有利于教师的教学创新	1. 因教师个人水平而异 2. 以教定学，忽视了以生为本 3. 以教材知识为本 4. 教法单一，照本宣科

二、习作微课开发与应用的教学策略

（一）微课在习作教学中的开发策略

面对当下如雨后春笋般的"微课热"，有很大一部分教师赶潮流、走过场，盲目地复制、克隆微课资源，加上自身学习意识不足，很少主动搜集和

开发出符合自己教学的微课资料，造成当下微课资源的良莠不齐。本研究以广州市番禺区的立项课题《基于语文核心素养的小学习作教学微课资源的开发》为依托，借助课题组成员的力量，在充分调查、研究学生的认知基础上开发出适合小学生习作学习的系列微课。我们开发的习作微课考虑了如下四个方面：

1. 在内容的规划上

按照新课程标准并结合教材，有针对性地选择开发符合本校、本班学生学情的微课内容。

我们开发的习作微课系列分低、中、高三个年段，以两大维度开发微课资源。一是文体的方法指导，包括记叙文（写景记事、写人、状物）和应用文（小学阶段所涉及的各种运用文体），二是为各类习作准备的素材。

2. 在依托的平台上

沙墟一小学是电子书包实验学校，是区域内唯一一所从三年级到六年级都进行电子书包实验的学校，学生人手一台电子书包。校园网络全覆盖，五年的电子书包实验，让教师在微课开发上掌握了较为先进的技术，为开发出学生喜闻乐见的习作微课奠定了基础。教师、学生的信息素养都比较高。借助电子书包实验，基本形成了微课建设、管理、应用和研究"一站式"的共享平台。

3. 在资源的开发上

我们的习作微课开发面向课题组成员和全体电子书包实验教师，聚焦区域性资源，对习作指导教学效率的现状和小学生习作能力的现状进行调查问卷和个别访谈，根据调查情况选取微课设计的切入点，通过宣传发动、技术培训、选题设计、课例拍摄、后期加工、在线报送、审核发布、评价反馈等环节，确保微课质量。

4. 在资源的应用上

交流与应用是微课建设的最终目的。通过集中展播、专家点评和共享交流等方式，向广大师生推荐、展示优秀获奖微课作品。通过微课平台的共享学习，让更多的教师能够在教学中获益。坚持边实践，边探索，边研究，边总结，边开发，边运用，以运用促开发。

（二）微课在习作教学中的应用策略

经过两年的课题研究，我们从课前、课中、课后三个习作的时间节点，初步探索出微课在习作教学中的三个应用策略。

1. 课前，激趣导入式教学策略

良好的开始是成功的一半。微课能够带领学生走进课堂，开启互动课堂的第一关。课堂成功的关键在于能够唤起学生的学习兴趣，引发学生的求知欲望，激发学生的学习热情，让学生的注意力迅速集中起来，图文声并茂，让语文习作课堂大放异彩。根据习作教学自身的特点，从教学目标出发，创设情境，增加学生的情感体验，帮助学生正确地理解教学内容。微课以视频为形式，在创设情境方面具有天然的优势，通过模拟、想象等方式，将学生迅速带入课文所创设的情境中，极大地提高了课堂实效。

如《写一个特点鲜明的人》的习作中，课前，教师借助电子书包推送两项前置性学习任务，一是让学生回忆生活中给自己留下深刻印象的人，他的特点以及给自己留下记忆犹新的事情。二是收集分享人物描写素材，共建素材库，让学生提前做好习作心理上、素材上的准备，借助电子书包良好的交互性，师生、生生互相启发、互相激励。愉悦地完成研学任务，又对课中的习作主题心中有数，自然不再害怕作文。

2. 课中，聚焦重难点的实施策略

突破教学重难点不是简单地向学生指出哪些是学习的重难点并加以讲解，而是要在突破教学重难点的过程中培养学生掌握一定的知识技能，提高学生的学习能力。使用微课辅助教学有利于丰富表象，化抽象为直观，引发学生展开联想，启发思维，强化理解效果，完成知识内化。

如《写一个特点鲜明的人》习作指导中，既有以教师为主导的"回忆课文，体悟方法"，有根据课前在电子书包对学生进行的小调查的反馈情况精心制作的人物描写小妙招微课导写，又有教师组织的在电子书包的互动讨论，实现线上线下的精彩语段分享与点评。还有课结束前借助电子书包的投票功能进行习作目标达成情况的即时统计，畅谈收获。实现当堂反馈，同时为课后的拓展性学习提供依据。学生则在教师的多元引导下，以四人小组的形式围绕研学问题（任务）叙说人物、推敲方法，并推选代表展示汇报。由此，充分调动学生学习的积极能动性，使学生真正成为学习的主人。

3. 课后，拓展延伸的教学策略

课堂四十分钟是非常有限的。如果能把兴趣以及习作的热情延伸到课外广阔的时空，借助互联网把习作微课推送给学生开展深度的拓展悟学、习作改写及习作素材发现与搜集等拓展学习活动，不仅能巩固习作方法技巧，还能实现习作课堂的资源共建，也能加深学生的学习感悟和习作体验。

如在《写一个特点鲜明的人》习作中，教师借助电子书包，开展的后续学习就是推送《习作思路套餐》，实现翻转课堂，为第二课时完成习作提供帮助，还利用电子书包继续分享学生习作，伙伴间互相评议，为学生提供了无时空限制的展示作品、交流互动的平台，让未能在课堂上展示习作的学生得到展示的机会，让学生间的交流点评无时空限制，更自由、更充分，也为不善于在大庭广众下展示、发表见解的学生创设了交流、展示的舞台。而学生则根据教师推送的练习和微课资源进一步学习、修改、完善习作，与教师、伙伴进行零距离的交流分享，互评互改。在交流碰撞中不断修改习作，提升习作能力，也深化了学生对小学语文的感悟。

随着新一轮课程改革的不断深入，小学语文习作教学更加注重教与学理念、方式和方法的转变，电子书包作为一种智能学习工具，为小学语文习作教学改革提供了支持。以课题为项目的习作教学微课的开发与应用研究，让研究更系列、更专业。基于小学生习作的三个节点研究的应用策略能更好地激发小学生的语文学习兴趣，提高小学生的习作能力，有效提升小学生的语文综合素养。

参考文献：

［1］中华人民共和国教育部．《小学语文新课程标准》最新修订版（修订稿）［S］．北京：中华人民共和国教育部，2014.

［2］王伟．浅析小学语文写作教学中存在的问题及对策［J］．读与写（教育教学版），2014，11（11）.

［3］曲静敏．新课程实施中小学教师适应性研究［D］．西安：陕西师范大学，2010.

［4］苏洁．电子书包在语文教学中的应用研究［D］．重庆：重庆师范大学，2014.

［5］何克抗．从"翻转课堂"的本质看"翻转课堂"在我国的未来发展［J］．电化教育研究，2014，35（7）.

［6］何克抗．教学结构理论与教学深化改革（上）［J］．电化教育研究，2007（7）.

［7］焦建利．微课及其应用与影响［J］．中小学信息技术教育，2013（4）.

电子书包环境下小学语文阅读教学
"三导三学"研学模式的思考与实践

本文依托所在班级为期一年的电子书包试点的教学实践，结合电子书包现有的教学特征，着重论述基于研学后教理念的"三导三学"模式的小学语文阅读教学中应用电子书包的思考与实践。

一、问题的提出

阅读教学是语文教学的重要组成部分，是培养学生语文能力的重要途径。阅读教学的质量和效率直接影响语文教学的成败，加强阅读教学是培养未来人才的需要。随着新课程改革的不断深入，语文阅读教学发生了可喜的变化。但是，纵观现状，阅读教学高负低效，教学过程流于形式的多，深度探究的少。具体表现为：

（1）站在探究目标角度看，不少学生阅读文本后，提出的问题质量不高，是零星的、分散的，甚至是非语文学科本位的，与探究性阅读教学目标存在着不小的差距，教与学的目标不契合。其主要原因有二：一是教师对体现语文本位的问题方法、问题过程训练不到位，学生的问题意识、问题能力不强；二是没有对学生提出的问题进行分析、整合，形成与教学目标一致的研究专题。

（2）站在探究策略的角度看，探究前对探究计划、步骤、方法的设想、预立不重视；探究中不注重学习方式、学习方法的指导，以致中等生、学困生在探究解决问题时如盲人摸象，没有明确的方向和可供操作的方法凭借。

（3）站在探究过程的角度看，自主、合作学习虚拟化。教师真正关注每个学生的发展不够。学生在自主学习中没有真下功夫独立探究，合作研究合力不大、费时低效，造成优等生与学困生两极分化。

（4）站在探究结果的角度看，探究结果的总结方式不当。对研究结果的总结，教师往往越俎代庖，包办代替，没让学生自主分析、总结、内化研究结果并进行综合性的运用。

如何改变当前阅读教学存在的种种问题呢？笔者结合所在学校区域对课改的实践与电子书包实验的思考，重点谈谈电子书包环境下对小学语文阅读教学"三导三学"研学模式的思考与实践。

二、解决的策略

（一）在阅读教学中倡导研学后教理念

"研学后教"是基于近年来国内课堂改革多种成功模式的合理内核，结合广州市番禺区课堂教学实际问题提出的。"研学"主要是教师在深入研究课标、教材和学情、学法的基础上，编写引导学生学习的目标、内容、方法的"研学案"，学生在研学案的指引下通过自主、合作、探究的学习方式，钻研知识和探求方法，提升能力。"后教"主要是通过交流展示学习成果，生生互教，针对学生存留的困惑与发现的问题，教师进行恰当的点拨、拓展和延伸，讲到实处，点到关键，充分有效地达成教学目标。研学后教的最终目的是实现学习方式的转变，提高课堂教学实效。

研学后教体现了以生为本的教育理念，有现代教育学、心理学的理论支撑，是对我国传统教育教学理念的继承、丰富和发展。《小学语文新课程标准》积极倡导自主、合作、探究的学习方式，提出："学生是学习和发展的主体。语文课程必须根据学生身心发展和语文学习的特点，关注学生的个体差异和不同的学习需求，爱护学生的好奇心、求知欲，充分激发学生的主动意识和进取精神，倡导自主、合作、探究的学习方式。教学内容的确定，教学方法的选择，评价方法的选择，都应有助于这种学习方式的形成。"研学后教正是这一学习方式的体现。

（二）从现代化的教学平台——电子书包借力

当前国内主要从两类视角界定电子书包：一类将电子书包看作未来教室的主要组成部分（即学习终端），学生可以利用电子书包获取各种数字化资源，不受时空限制上传、下载家庭作业，查看教室发布的通告，或者课前课后进行习题训练。

另一类将电子书包看作支持教师和学生进行教育活动的虚拟空间（亦称为教育群体），允许个人和集体使用信息和知识，提供沟通和交流工具，帮助使用者不受硬件、软件、网站及地理位置等限制获取快捷高效的资源和服务。祝智庭教授则认为应从虚和实两个方面对电子书包做整体理解，"实"指电子书包作为学生个人便携式终端，"虚"则指电子书包为学生提供个性化服务。

笔者认为，对电子书包的理解既要虚实结合，又应依据其教学应用的现状有所侧重。在现阶段电子书包的软硬件建设尚存不足的情况下，应着力探索如何支持泛在学习模式下的教学过程与教学活动，以及如何适应多元混合式学习的基本要求。

从对电子书包应用特征分析中，沙墟一小学发现了电子书包环境下的阅读教学的优越性。具体表现为：

1. 移动性支持泛在学习

电子书包不仅是一种电子化的轻型容器，更为重要的是它提供了一种支持随时、随地、随意学习的环境。学校与课堂的概念弱化，学生利用零碎时间，在电子书包构建的高效、互动的数字化环境中，开展个性化、片段化的泛在学习。

2. 立体化资源拓展教学内容

电子书包包含多元化数字资源，为学生提供多感官刺激，这符合小学生的认知特点，有利于教师创设多种真实的情境辅助教学。此外，学生和教师还可以利用其附加功能（拍照、互联网等）实现动态学习资源的拓展和创造，进行自主学习。

3. 交互性凸显学生主体地位

实践证明，电子书包的交互性大大凸显了学生在课堂中的主体地位与教师的主导地位。课堂教学中，教师通过监控学生机对学生的学习进行实时监督，利用教师机组织和引导学生的课堂活动。小组协作的学习过程中，学生利用电子书包分工进行资料的搜集与整理，并通过交流群组进行组间与组内讨论，同步进行问题的解答，协作完成任务后，小组成员操作自己的书包分享协作成果，供其他小组学生交流讨论。自主学习的过程中，学生利用电子书包的标记、批注等功能实现与纸质教材同样的功能，通过虚拟学具以及相关的多媒体课件，自主进行跟读、对话等练习，教师借助电子书包对学习过程进行实时监控与评价。

4. 按需服务实现个性化学习

通过电子书包的实时检测与反馈，教师根据统计结果分析学生的学习情况，为学生推送个性化学习资料，教学内容根据学生个体弹性变化，实现因材施教。课外，学生从电子书包的海量资源中依据兴趣与学习需求选择合适的资源，自主调整学习步骤，检测学习效果，延伸课堂。

三、基于研学后教理念及电子书包环境下的小学语文阅读教学"三导三学"研学模式

电子书包是随着移动通信技术、社交媒体以及以开放、共享为理念的开放教育资源运动的蓬勃发展应运而生的教育平台。它不仅成为教师和学生的重要教育资源，而且也构成了教育教学模式改革的基础，对学生的学习、教师的教学实践、教师的专业发展，都具有重要的现实意义。那么，什么样的教学结构和教学活动才能最大程度地调动学生学习的积极性，并能有效地促进学生的发展呢？笔者经过一年多的电子书包应用教学实践，结合学校研学后教课改，初步探索出了一种高效的、快乐的、具有学校特色的课堂模式——"三导三学"研学模式。电子书包环境下的"三导三学"研学模式凸显学生的自主学习、合作学习、探究性学习，将使学生的学习随时、随处可行，从而使教学结构和教学活动发生根本性变化。即学生超前学习，把课堂教学和课后复习变为课前学习和课堂教学两个单元，课后作业变为超前学习或做习题的环节，这样，学生带着自学中的问题来到课堂，通过分组讨论、课上交流、教师指导来解决学习中的问题，达到把课堂还给学生，将传统的教师主讲变为学生的合作探究、交流展示，让课堂开展发展性的教学活动，让课堂焕发出生命的活力。

下面将围绕在沙墟一小学研学后教理念下"三导三学"研学模式的语文课内阅读教学，充分发挥电子书包的优势，为学生提供个性化发展的语文学习环境的实践与思考，提炼总结可供电子书包实验教师参考的阅读教学策略。

（一）关于"三导三学"研学模式

"三导三学"课堂研学模式，即以教师"三研"（教学目标、教学内容、教学对象）为前提，以研学案为载体，以"研学问题"为核心，以教师"三导"（导趣、导学、导练）为线索，以学生"三学"（自主学习、合作学习、

探究学习）为形式，促进学生"乐学、善学、活学"的实践范式。

（二）阅读教学应用举例

下面重点结合笔者的两节阅读教学课例——四年级上册的《猫》以及四年级下册的《触摸春天》谈谈电子书包的应用策略。

1. 激趣导入策略

精彩的导入能达到"未成曲调先有情"的效果，利用电子书包"立体化资源拓展教学内容"能很好地激发学生的学习兴趣。

例如，在教学《猫》（第一课时）时，课伊始，我播放课前学生上传到电子书包的有趣的猫的图片，并与学生一起呼唤猫的名字导入新课，熟悉的有趣的图片一下子就吸引了学生的注意力，激发了学生进一步学习的兴趣。

再如，在教学《触摸春天》（第二课时）时则欣赏学生课前上传到电子书包的学生动情朗读1~4段安静创造奇迹的句子，导入新课。来自身边小伙伴的配乐朗读，快速地让学生回顾第一课时的学习，同时自然而然地投入第二课时的学习中。

2. 多元导学策略

基于电子书包多元工具的深度"对话"环境，充分凸显了教学活动中学生的主体地位与教师的主导作用。教师作为教学活动的组织者和设计者，可以根据教学需要与学生掌握情况，利用立体化的资源灵活拓展与调整活动内容。另外，电子书包支持人际与人机间的深度互动，教师实时监控每个学生的掌握情况并及时给予适当的引导；学生能够高度参与教学活动，随时向教师请求帮助，与教师进行深度互动；学习伙伴通过协作与竞争，更好地进行沟通，实现知识共建共享、创造新思维、解决实际问题。

如，在教学《触摸春天》一课"回归整体，迁移升华"环节，我提出了如下研学要求：你是怎样理解"谁都有生活的权利，谁都可以创造一个属于自己的缤纷世界"这句话的意思的？（学习提示：联系课文或联系生活实际）

引导学生课前收集有关身残志坚的故事上传到电子书包"互动讨论"中。同时老师也上传大量图文并茂的故事，利用大量的补充学习资源，引导学生理解这个含义深刻的句子，并通过反复的引读强化对中心句的理解与感悟。利用电子书包的录音功能及交互性，实现学生的个性化学习，提高课堂学习的效能。课后，让学生把自己体会最深的句子以及原因录下来，一方面很好地落实了有感情朗读的要求，另一方面给学生创造了一个自由展示的舞台。

3. 深度导练策略

在研学拓展中，借助电子书包进行拓展性阅读及练笔迁移，让学生的练更充分、更深入，有效地实现读写结合。

例如，在《触摸春天》研学拓展环节，我引导学生借助电子书包开展如下学习活动：

（1）（课内）学了课文，我深深地感动着，我想对_____（安静、海伦·凯勒、同学、朋友、家人等，选其一在电子书包上写一写）说：_____
_____。

（2）（课外）推荐阅读《假如给我三天光明》《海伦·凯勒传》《贝多芬传》，并把收集到的资料及阅读后的感受上传到电子书包。教师在拓展阅读栏目中上传了以上三本电子书，解决了学生因找不到书不能开展课外阅读的难题，也为学生读后的情感表达提供交流的平台。

电子书包等数字资源的运用为学生提供了丰富的写作素材，丰富了学生的想象，而且不受限制、不受干扰，实现学生在教师的点评下自主修改、生生互改、互改互学，大大提高作文指导的效益，同时也留下学生学习的成长记录，真可谓一举多得。

4. 自主研学策略

课前，教师把根据教学目标、重难点、学习内容编写成的导学案（即学生学习的路线图）上传到电子书包"学案中心"，供学生提前预习，并在电子书包互动讨论反馈预习情况，为教师课堂有针对性地引导提供了可能。

如教学《猫》（第一课时），课前自主学习任务如下：

（1）收集有关作者的资料，上传到互动讨论区（字数不超300字）。

（2）读准生字词，上传录音。写一写难写的字，并进行投票。

又如，教学《触摸春天》（第二课时），课前，自主学习任务如下：

（1）收集残疾人奋斗的故事，并上传电子书包共享。

（2）练习有感情地朗读1~4段中安静创造奇迹的句子（上传录音）。

课伊始，引导学生围绕研学问题，自主阅读、批注：从文中哪些语句能感受到作者也被深深感动了呢（研学提示：①自主阅读并画出相关语句。②读句子，抓住关键语句，联系上下文，进行简单批注。拍照上传至互动讨论区）？

在电子书包创建的虚拟课堂中，组织学生收集作者的资料与同学相互交流，上传生字词自学录音，对难写的字进行投票，教师能直观、快捷地检测学生对生字词以及课文内容的预习情况。此外，学生和教师利用其附加功能（拍照、互联网等）实现动态学习资源的拓展和创造，支持自主学习并让学生的自主学习更自由、更充分，让教师的后教策略更高效。

5. 合作探究策略

电子书包"智慧教室"为学生提供混合式的语文交际情境，支持师生、生生及生机的同步与异步交互，将多种媒体的价值发挥到极致，从而激发学生学习兴趣并维持对学习任务的持续关注，发展形象思维，培养学生建构知识与问题解决的能力。

如《猫》一课，学生围绕研学问题：为什么说猫的性格古怪呢？深入品读文本，通过重点语句的理解、品读深入解读了"猫的性格的古怪"。

小组1抓住"乖"字，品读"老实"。四人学习小组中，一人对组员开展合作探究学习的情况进行小结，另一人展示对这句话的理解的录音，另一人播放朗读录音。

小组2抓住"任凭……也"字，理解"贪玩"。一人通过想象，扮演老舍先生、他的夫人、他的孩子等，用各种不同的办法呼唤猫回来，解读这一简洁句子中蕴含着的丰富的生活情趣。另一人展示朗读的录音。

小组3抓住"屏息凝视"，体验"尽职"。一人出示课前上传的猫"屏息凝视"的图片，展示他们理解的猫的"尽职"。一人引导同学们体验十秒钟不呼吸，让伙伴们感受到猫为了捉老鼠的"尽职"劲儿，两人进行了有感情的朗读。

6. 及时反馈策略

对教学试点班级的研究发现，小学生的个体差异较大，尤其表现在先前知识的储备和对新知识的接受速度方面。传统一对多的大班教学，教师无法逐一掌握学生的学习情况，也就无所谓个性化教学，更谈不上因材施教。电子书包的 IRS 动态评测反馈系统，是电子书包现阶段功能较为完善、应用相对成熟的部分，在应对个别化评估方面有着独到的优势。

例如，在教学《猫》一课中，课前：教师上传研学案到"学案中心"引导学生进行自主学习。学生自学生字词，上传读书录音和对本课难写、易错字投票。教师根据统计结果清楚了解每个学生预习情况，对大部分学生没有掌握的字词，在课堂上做指导。

课中：利用检测系统随时对学生进行生字词掌握情况、课文理解的检测，为教师动态调整课堂教学提供依据，同时能持续吸引学生的注意力。

课后：学生可以利用电子书包的题库系统进行自测，根据测试结果选择相应的资料进行自主学习与巩固；同时学生的测试结果为教师下节课的安排提供实际依据，使其更加符合学生的认知情况，更好地达到教学目标。对于个别学生存在的问题，教师通过电子书包为其推送个性化的学习资料。教师还可以通过让学生对本节课学习过程进行评价，及时掌握学生学习状况以不断调节研学策略。

四、电子书包环境下的小学语文阅读教学"三导三学"研学模式的效果分析

在经过近一年的实验后，我们对试点班级和对照班级的语文测试成绩进行了统计，并对统计结果进行了分析。

（一）语文测试成绩统计结果

在整个实验的过程中，学生共参加了三次期末测试，我们采用这两次测试中的语文单科成绩作为实验成绩数据，这两次测试的情况如表1所示：

表1 学生在实验研究中所参加的测试情况

测试名称	测试时间	在研究中的作用	测试性质	参与班级
三年级下学期期末测试	2014 年 7 月	实验前测	市桥沙墟一小学四年级统一测试	实验班对照班
四年级上学期期末测试	2015 年 1 月	中期测试		
四年级下学期期末测试	2015 年 7 月	实验后测		

两个班级三次测试成绩如表2所示：

表2　两个班级三次测试成绩

测试名称	组别	平均分	合格率	优秀率
前测	实验组	88.19	97.7%	81.82%
	对照组	89.53	97.8%	84.44%
中测	实验组	89.90	100.0%	86.40%
	对照组	87.70	97.8%	82.20%
后测	实验组	91.95	100.0%	95.45%
	对照组	88.34	97.8%	84.09%

为了了解在进行研学后教理念下"三导三学"研学模式的语文课内阅读教学实验的成效，笔者还重点分析了三次测试"阅读题"的得分率。

两个班级三次测试中阅读题得分情况，如表3所示（得分不足该题的60%为低分）。

表3　两个班级三次测试中阅读题得分情况

测试名称	组别	得分率	低分率
前测	实验组	78.82%	36.40%
	对照组	81.64%	33.33%
中测	实验组	85.42%	27.30%
	对照组	83.28%	31.11%
后测	实验组	91.95%	20.45%
	对照组	85.34%	35.56%

（二）测试结果分析

通过准实验研究对学生进行三次测评，从前测成绩看，所选的两个班级并无显著性差异。相反，实验班的平均分、优秀率比对照班略差一些。从平均分来看，在实验进行的两个月后进行测试，实验班平均分反超对照班2.2分，在期末的测试中同样高出对照班3.61分。从合格率来看，实验前实验班与对照班都有一个学生不合格，但是在实验中测及后测中实验班的合格率都达到100%，消灭了不及格。从优秀率来看，实验前测中实验班的优秀率略低于对照班，但是在实验中测及后测中，实验班的优秀率分别高出对照班4.2%和11.36%。实验班的四（3）班在实验期的期中和期末测试成绩由之前的年级排名第三跃居并保持年级第一，并在期末测试中超出年级平均分2.68分。

就阅读专项题而言，从前测情况看，对照班的得分率比实验班高出2.82%，实验班低分率比对照班高出3.07%，可见，实验班较之对照班在阅读一栏中稍弱。从中测及后测的情况看，实验班与对照班在得分率上分别上升了2.14%和6.61%，优势越来越明显。实验班的低分率也在不断下降。由此可见，在阅读教学中进行了电子书包"三导三学"研学模式的实验后，学生的阅读水平在不断提高。

从统计分析来看，两个班的成绩差距随着实验的推进越来越大。实验班的成绩无论平均分、合格率还是优秀率都优于对照班，且差距在不断扩大。经过数据分析，我们发现，电子书包实验班级的成绩优胜于非实验班级。同一个班级，在实验前后成绩也不同。在使用了电子书包实验后，学生的学业成绩是有明显提高的。阅读能力的提升也是显而易见的。

（三）问卷调查结果

为了更全面地了解模式应用成效，本研究还采用调查研究的方法了解学生在使用电子书包后，他们学习态度、学习兴趣方面的变化，如表4所示：

表4　学生学习态度、兴趣调查

选项	白分比	选项	百分比
很喜欢电子书包	97.8%	更有自信了	93.2%
阅读很有意思	88.6%	更有兴趣学语文	100.0%
愿意课堂使用	86.4%	比之前更认真思考	97.8%
课堂参与提升	97.8%	课后更主动完成作业	84.1%

有关电子书包激发学生学习动机和兴趣、对语文学习方式和态度的改变方面，通过问卷的数据统计结果可以看出电子书包在语文学科阅读教学中的运用提高了学生学习语文的兴趣，即使课堂上容量增大，探究难度增加，学生也更愿意主动思考，积极地参与其中，课后更加主动完成作业。

从本文的研究结果中可以看出，电子书包所构建的教学模式在一定程度上有利于学生学习成绩的提升，而且在激发学生的学习兴趣和学习积极性方面具有明显的效果，由此可以看出电子书包在语文阅读教学中的应用具有一定的成效。但是电子书包项目试点时间周期短，新产品也还需要不断更新完善。目前，沙墟一小学正在开展第二阶段的试点研究，我们希望通过进一步的研究，探索出更多适合电子书包的数学教学应用模式，并通过不断优化和完善这些模式，理清影响电子书包应用的因素，促进基于电子书包的语文阅读教学方式的改革，从而更好地利用电子书包实现语文课程标准及新课程改革所倡导的教学理念。

五、总结与建议

传统教学以教师为中心，学生被动地接受说教的知识。教学的环节始终围绕着教师"怎样教"进行。由于应试教育的影响，课堂教学仍局限于分析、归纳和总结的模式。而运用电子书包进行教学，则以学生为中心，更加重视学生"怎样学"和"学得怎么样"，创设教学情境，强调人机互用和师生共同参与，让教育在更高层面上回到个性化教学。但是在试点研究的过程中也不难发现，目前电子书包的应用刚刚起步，面临诸多的困难，而解决的方法可主要概括为：

（一）深度开发教学资源是核心

电子书包作为学生个人终端引入教学，除先进的技术支持外，更需要大量优质资源来支持教与学。目前许多电子书包产品只是将大量数字化资源填充其中，而这些资源是否符合电子书包的基本教学特性，其组织结构是否合理，则不予考究。因此，要利用电子书包支持有效教学，迫切需要与教学模式和策略相对应的、具有泛在学习特质的资源体系。

（二）合理进行教学设计是根本

克拉克曾经说过："决定学习者学习的，是教学设计而不是用来传递的媒体。"面对这股电子书包的热潮，学科教师尤其是研究者，必须要在深刻理解知识结构与内容体系、紧紧围绕教学目标的基础上，合理运用电子书包来服务教学。着重考虑如何发挥电子书包的现有功能，并实现与现有多媒体设备的有机整合，努力做到使用最合适的媒体实现最优化的教学效果。

（三）调动学科教师的积极性是保障

教育新产品功能的完善与发展，必须基于实际的教学应用，而试点学科教师作为电子书包教学活动的组织者，他们的反思与建议，是促进研究顺利高效进行的重要保障。目前，学科教师教育理念相对滞后，加之教育研究的知识和能力有待提升，在使用电子书包组织教学的过程中不能突破传统模式的束缚，在很大程度上阻碍了电子书包的有效应用。因此必须帮助学科教师树立先进的教学理念，增强教学创新的意识，在使用电子书包教学时大胆尝试与探索，促进教学研究的深入。

（四）特色理论研究是发展的根本动力

电子书包的有效应用，迫切需要有科学的理论研究做支撑。但现阶段，有关电子书包的各项研究尚未积累出太多的经验用以指导实践。因此，部分一线教师与研究者在遇到问题时或简单借鉴国外的观点与方法，或单纯沿用传统课堂教学的策略。而国内基础教育有着无可比拟的特殊性，传统的教学策略又显然无法适应电子书包的新特性。因此，必须创造性地解决我国基础教育中的主要问题，形成特色的理论研究体系，推动电子书包的可持续发展。

诚然，电子书包进入教育教学领域，一方面使人们所期待的"教育无处不在，学习随时随地""个性化学习""因材施教"等教育理想成为现实；另一方面，随着云技术的发展，学习资源日益丰富，学习工具愈加多样，推送服务也极富个性，因此电子书包能够更好地体现新课改及研学后教理念所倡导的"自主、探究、协作"的学习方式，实现学习方式的转变，践行把时间还给学生、让问题成为中心、使过程走向成功的课改理念。电子书包的移动性、交互性、评价手段多元化等特性与多媒体语文阅读教学最突出的薄弱环节——教学过程缺乏交互、教学情境固化、评价手段单一等问题完美契合。总之，电子书包为教学提供了更为方便快捷的服务，为师生课内外的教学架起了一座桥梁，也为教育教学改革提出更高的挑战。如何让这场教学改革更生动、高效，需要更多的教育工作者行动起来。

参考文献：

[1] 乜勇，姜婷婷. 基于电子书包的个性化学习空间的探索 [J]. 现代教育技术，2013，23（3）.

［2］张迪梅."电子书包"的发展现状及推进策略［J］.中国电化教育，2011（9）.

［3］祝智庭，郁晓华.电子书包系统及其功能建模［J］.电化教育研究，2011（4）.

［4］胡卫星，张婷.电子书包的系统构建与教学应用研究［J］.现代教育技术，2011，21（12）.

基于移动互联的儿童文学阅读
分享方式的思考与实践①

新课标对儿童文学阅读的量及每个学段达成的目标都提出了明确的要求。本文从问题的提出、儿童文学阅读的现状谈起，提出了在移动互联视域下的四种阅读分享方式。实践证明，这四种方式能很好地推动学生的深度阅读、个性化阅读，促进学生语文素养的全面提升。

一、问题的提出

著名儿童文学家梅子涵认为："儿童文学的最终目的，就是要把在身体、精神、社会方面均未成熟的儿童培养引导为健全的社会人。"② 儿童文学在儿童的教育活动中扮演着十分重要的角色。

新课标明确规定，九年义务教育期间，课外阅读量应在 400 万字以上，其中小学阶段要完成 145 万字。新课标对学生阅读量以及应该达成的目标的规定，促使学生必须阅读儿童文学作品。儿童文学作品几乎涵盖了新课标所列出的所有文体：童话、寓言、故事、儿歌、童谣、诗歌、小说、散文、科学文艺等。

新课标还指出，"语文教师应高度重视课程资源的开发与利用，创造性地开展各类活动，增强学生在各种场合学语文、用语文的意识，多方面提高学生的语文素养"。

新媒体联盟发布的地平线报告认为，电子书包是对未来学习科学发展产生重大影响的技术之一。随着教育信息化的推进，电子书包逐步走进课堂，诸多研究和实践证明其富媒性、交互性、移动性等特征能较好地为儿童文学阅读提供支持。如何让电子书包、信息化与儿童文学阅读融合创新，也成了

---

① 本文为"基于移动互联的儿童文学阅读分享方式及阅读效果评测研究"的课题成果，由潘文清撰写，于 2018 年 4 月发表在《中国多媒体与网络教学学报（电子报）》。
② 教材编写委员会．儿童文学［M］．北京：开明出版社，1998：2.

目前专家学者、一线教师关注并研究的问题。

二、儿童文学阅读现状

中华人民共和国成立以来，很多学校和教师也在改革小学阅读教学、加大学生的阅读量、丰富学生的阅读实践等方面，进行了很多有益的探索，尤其是 20 世纪 90 年代以来，对学习策略的研究成为热门，如研究记忆策略、解题策略等已经出了不少成果。但对阅读策略的研究还比较少。

近几年来，国内许多学校都将读书活动放在了学校工作的重要位置，广大教师也充分认识到了阅读在孩子健康成长过程中的重要作用。审视当代儿童文学阅读现状，表现为：功利性阅读多，情趣性阅读少；"浅阅读"多，"深阅读"少；图像阅读多，文字阅读少；阅读分享方式单一，而基于移动互联视域下的儿童文学阅读分享方式的研究几乎没有。

三、基于移动互联的儿童文学阅读分享方式

为了更好地推动儿童文学阅读，提高学生的文学素养，为学生的一生奠基，沙墟一小学借助电子书包、学校读书网站等互联网移动终端的交互性开发多样的、学生喜闻乐见的阅读分享方式。

（一）创建讨论区，引导学生开展线上交流

学生的深度阅读一直是儿童阅读的弱点。为将儿童文学阅读引向深入，沙墟一小学借助电子书包、微信群、QQ 群，创建讨论区，开展班级同读好书活动，引导学生开展线上线下交流讨论，并于每个学期初，从"一起阅读"各年级推荐书目中选择五本必读书目及五本选读书目开展班级同读。这样做也便于教师调控学生阅读的进度，及时掌握学生的思想动态。除了开展班级同读好书外，沙墟一小学还结合语文课内阅读教学开展同主题阅读及同主题不同文体的阅读交流活动。课内外携手，线上线下联动，增强儿童文学阅读的深度与广度，促进学生阅读能力的提升。

（二）创建推荐区，引导学生推荐、分享好书

为使学生保持高涨的阅读热情，沙墟一小学不仅教师推荐好书开展班级同读活动，还引导学生推荐好书，进行好书分享。当然，对于推荐的书目，

教师要在后台经过审核，保证推荐书籍内容的健康。凡得票数在前三名的学生，就成为该学期的阅读版主，有权限向全班发送讨论帖子，引导同学进行阅读交流与分享。同时要求该版主上传这本书的电子稿，让全班同学都能一起阅读与交流。为了促进同学们的积极性，保证阅读的质量，凡是成为阅读版主的学生可以在学校期末阅读之星评选中加分。这样，让原本爱读书的学生乐于分享好书，发挥其才能，引导班级同学开展儿童文学阅读，也让全体学生阅读到更适合其年龄阶段的儿童文学，尊重学生个性化阅读的需要。

（三）创建展示区，引导学生分享阅读成果

为更好地保持学生阅读的兴趣，享受阅读带来的乐趣，沙墟一小学在电子书包等移动互联平台创建展示区，供学生展示分享阅读成果。成果展示分享一般在月底及期末。成果呈现方式采取 1＋1 模式，即教师指定的形式与学生自主选取的形式相结合，让每一位同学都知道成果展示的常见方式，又让学生有自由发挥的空间，尊重他们的独创性。同时还借助电子书包的投票功能，实现阅读的良性循环。

（四）创建个人阅读空间，引导学生留存阅读成长记录

引导学生在 QQ 空间创建个人阅读空间，分享各自在阅读中的点点滴滴，让学生的精神世界有栖息之地。由于小学生的年纪比较小，认知有限，阅读空间项目的开设采用教师引导加学生自主相结合。一方面促使学生深度阅读、持续阅读，另一方面促使学生养成边读边思、不动笔墨不读书的好习惯。以读促思，以读促写，尊重学生的个性化阅读。每学期进行一次"我最喜爱的阅读空间"评选活动，调动学生的积极性，也推动学生间空间互访、互学。以形式多样的活动促进学生互相激励，推动开展儿童文学阅读，形成可持续发展的阅读生态。空间中的所有资料也将长久保存在互联网中，是见证学生阅读成长的宝贵财富。

综上所述，面对时代的变革，只要我们善于从互联网借力，从问题出发，树立以生为本的教育思想，及时更新教学观念，就能探索出适合时代发展需要，促进学生成长的儿童文学阅读分享方式，从而推动学生的深度阅读、个性化阅读，全面提高学生的语文素养。

参考文献：

［1］中华人民共和国教育部．《小学语文新课程标准》最新修订版（修订稿）［S］．北京：北京师范大学出版社，2014.

［2］梅子涵．阅读儿童文学［M］．上海：少年儿童出版社，2013.

［3］陈晖．儿童的文学世界：我的文学课［M］．北京：北京师范大学出版社，2012.

基于共享课堂的小学道德与法治双师教学模式研究①

——以广州市番禺区市桥沙墟一小学道德与法治教学为例

道德与法治课堂是立德树人的主阵地。然而，受师资、教师观念等诸多因素影响，道德与法治教学没有得到充分重视，课堂效果不够理想。共享课堂的出现为小学道德与法治教学改革提供了新思路。本文分析新课程改革背景下小学道德与法治教学研究现状和共享课堂在小学道德与法治的教学应用现状，在道德与法治课程标准理念和实践共同体理论的指导下，利用"国家中小学智慧教育平台""广州共享课堂"等构建了同频共振式、交流分享式、观点辩论式、课前研学式四种双师教学模式，有力促进道德与法治教学样态的变革。实践证明，该模式能激发小学生学习道德与法治的兴趣，提高小学生道德与法治成绩及道德与法治认知水平。

一、问题的提出

新课改下，小学道德与法治教学的地位不断提高，充分表明了国家对小学道德与法治教学的重视，同时也体现了对小学生进行道德与法治教育的迫切需求。但是，当下我国小学阶段道德与法治教学也存在诸多问题，比如缺乏专业的教师队伍、教学形式单一、不重视联系实际生活、没有与核心素养紧密结合起来等。《中国教育现代化 2035》提出：以教育信息化带动教育现代化。作为省、市中小学教师信息技术应用能力提升工程 2.0 示范校，沙墟一小学开展基于共享课堂的道德与法治双师教学模式研究，转变教师观念，破解道德与法治专任教师严重不足的难题，提高道德与法治教学水平，全面提升德育实效性，实现立德树人的根本任务，具有很强的现实意义。

---

① 本文为广州市教育规划课题"智慧课堂下道德与法治教学资源的开发与应用策略研究"（课题立项号：202214344）的研究成果，由潘文清撰写，于 2023 年 1 月发表在《教育信息技术》。

二、理论依据

(一) 道德与法治课程标准理念

《义务教育道德与法治课程标准》指出：要充分开发、有效利用课程资源，对于丰富道德与法治课程内容，增强课程的开放性、生成性和教学活力具有重要意义。本研究将利用共享课堂短小精悍、高效优质的课程资源，让师生在共享课堂的教学中借助名师课堂，实现同频共振，双线成长，让非专职的思政教师专业起来。

(二) 实践共同体理论

实践共同体（Community of Practice，简称 COP）最早由 Lave 和 Wenger 提出，该理论强调在一个实践活动中，基于共同学习兴趣的一群人能够以一种正式或者非正式的方式，分享他们各自的知识及经验，从而使他们能够以一种独特的视角来审视在学习当中出现的问题，找到解决问题的办法。该理论关注学习活动的设计和管理，强调学习者的设计性、参与性和自主性，强调学习者之间的深层次交互与知识的共享，强调学习者的创造性学习。通过分析，可以发现构建以教师和学生为中心的实践共同体能够改变传统教学模式下以教师为中心的局面，在实践共同体当中，教师与学生能够实现共同学习、共同成长。同时，以实践共同体为核心所开展的实践活动，可最大程度地发挥教师和学生的创造性，从而实现学习范式的变革。

三、基于共享课堂的小学道德与法治双师教学模式的构建

(一) 基于校情，问题导向

1. 规模较小，专任师资不足

沙墟一小学 2021 年有 18 个教学班，学生 807 人，目前按照师生比 19：1 核定教师编制，有教师 42 人，教师编制与实际需求存在一定的偏差，除语文、数学、英语教学能满足专职专用外，其余学科都满足不了。如：道德与法治专职教师 1 人，为校长，其余均为班主任兼任。学校虽然实现课程开全

的要求，但无法满足每个班级道德与法治课程都开好、上好的要求。

2. 师资分化，教学水平不均

一是学校师资较薄弱，年龄偏大，平均年龄46岁且两极分化，年长教师多，有一定的教学经验，但信息技术应用能力薄弱；临聘教师以新入职的为主，缺少教学经验。二是生源不均衡，学生的构成分三部分，分别为村民子女占15%，学区房生源占25%，外来务工人员子女占65%。

面对不足，该校以问题为导向，依托国家中小学智慧教育平台、广州共享课堂等解决专任教师不足、临聘教师教学经验不足等问题，让兼任道德与法治教师的数学老师、语文老师、英语老师向专业化发展，让年轻的临聘教师快速提高教学水平，让教师和学生在共享课堂的教学实践中借助名师课堂，实现同频共振，双线成长。

（二）共享课堂的应用策略

1. 解读共享课堂，实现双专业引领

所谓"双专业引领"，是指由共享课堂的专业名师、学校的专任教师引领。

道德与法治专任教师利用共享课堂的名师名课，组织道德与法治兼任教师建设教师工作坊，形成学习共同体，以共享课堂的课例进行道德与法治教学培训，通过课标解读、环节解构、过程解法，以点带面，从名师课例中悟透课标，加强教学指导，进行经验交流、研讨等，提高兼任教师对道德与法治课堂的驾驭能力和对学科教学的指导能力，带动兼任教师从"学科小白"向"相对专业"的身份转换。

2. 用好共享课堂，促进双线成长

双师课堂是"互联网+"教育的新型模式，扩大名师效益，最大程度地实现优质教育资源共享，为教育均衡、教育公平提供了新的思路与方法。

"国家中小学智慧教育平台"是教育部汇集全国名校、名师打造的精品教育平台。"广州共享课堂"是由广州市教育局、广州市电化教育馆汇集全市名师打造的优质课程，能满足"双师课堂"多样化的学习需求。

该校利用国家中小学智慧教育平台、广州共享课堂构建了多样化的道德与法治双师教学模式，有力地促进道德与法治教学样态的变革。如居家学习、课前开放式学习、课中场景式学习、课后按需自学等，极大地丰富了教和学的形式，如图1所示。

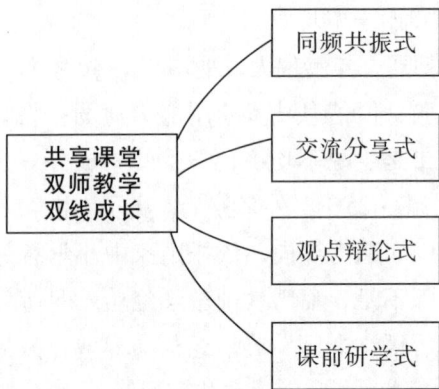

图1　共享课堂的小学道德与法治双师教学模式

（1）同频共振式，从辅教到主教。

面对道德与法治专任教师不足，该校通过探索，开展了同频共振式的道德与法治教学实践，主要是解决兼职道德与法治教师的教学方法与教学水平不足的问题。课中，教师播放国家中小学智慧教育平台或广州共享课堂中的小学道德与法治资源，教师根据学习的需要进行播放与暂停，师生协同参与课堂教学、专项练习、重难点点拨等。实现学生学有所得，教师教有所获。

道德与法治双师教学真正要解决的是均衡发展问题，兼任教师在教学时也能不断提升，实现了从输血到造血的目标。既让共享课堂的名师成为主讲教师，实现优质资源的同步推送，提高课堂效率；又让辅助教师通过共享课堂的同频共振得以更快进步和成长，实现教师与学生的成长闭环（如图2所示）。

（2）交流分享式，从浅学到深研。

上课伊始，教师向学生提出研学问题，学生带着研学问题观看共享课程。课中学生根据研学任务，自主学习，小组合作探究，同时通过智慧学习卡、电子书包，实现全体学生零距离交流与分享，碰撞思想火花。教师根据学生在课堂的动态生成资源适时引导学生进行深度思考，师生共同探讨，形成深刻认知。最后教师进行总结评价，启发学生带着问题走出课室。这样的双师教学模式，发挥了名师讲课的效益，激活了学生的深度思考与交流，充分凸显学生学习主人翁地位。

（3）观点辩论式，从低阶到高阶。

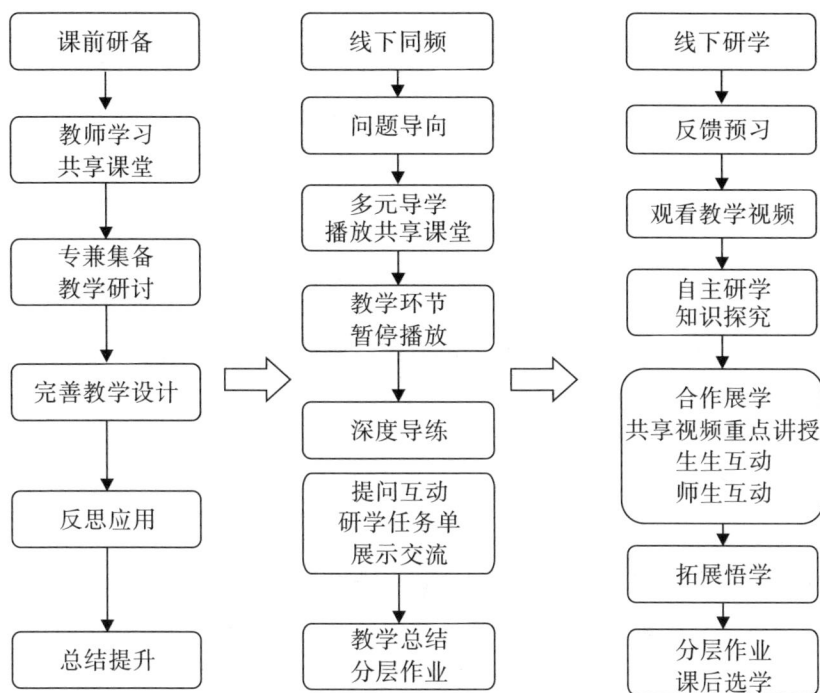

图2 共享课堂的小学道德与法治双师教学模式之同频共振式图式

共享课堂模式下，不仅可以进行全程20分钟的学习，也可以进行某一节点的场景式学习。课堂上，通过共享课堂中某一场景学习，教师抓住疑点、重点环节等引导学生展开思辨，教学安排更为灵活自如。例如，学习完《地球——我们的家园》一课，教师组织学生围绕"假如离开地球，人类还能否生存"进行了一场辩论。学生在激烈的辩论中明白保护地球家园的重要意义。学生全身心投入，在思辨中进行高阶思维训练，最后教师点拨总结。这样的课堂是鲜活的，从根本上改变了以"师"为主的传统课堂，逐渐倾向以"生"为主的思辨式学习。这不仅可以提升学生的学习兴趣，激发学生的主动探究，而且还能在教师的适时引导和点拨中，激发思想碰撞，从而引发更多、更深的思考，培养学生的思辨能力和表达能力。

（4）课前研学式，从被动到主动。

该校结合广州市番禺区融乐课堂理念，运用粤教祥云、C30智能教学、智慧卡等手段形成有学校特色的多技术融合的"三导三学"精准教学模式，在国家中小学智慧教育平台、广州共享课堂的助力下，形成道德与法治教学中的双师课前研学模式。课前，教师设计学习任务单，把剪辑好的课堂资源利用智慧教学平台推送给学生，学生进行充分自主学习、合作学习。教师通过智慧平台及时收集学情并做出调整。课中，教师围绕重难点开展问题化导学、导练，让学习提前发生，让知识的内外链接更充分，让课堂的学习活动更深入。

四、基于共享课堂的小学道德与法治双师教学模式的实施

本研究采用基于共享课堂的小学道德与法治双师教学模式，进行了为期一年的教学实践，具体研究与效果分析如下：

（一）实验设计

1. 实验目的

本研究的实验目的在于验证基于共享课堂的小学道德与法治双师教学模式的有效性，具体表现在对小学道德与法治学习的兴趣、道德与法治成绩及学生道德与法治认知水平三个方面所产生的影响。

2. 实验对象和内容

本研究选取沙墟一小学六（2）班作为实验对象，共 45 名学生；六（3）班为对照班，共 44 名学生。

本研究的实验内容是统编版小学《道德与法治》六年级上册和下册，上、下册各有四个单元内容。实验时间为 2021 年 7 月至 2022 年 7 月。

3. 实验假设

（1）基于共享课堂的小学道德与法治双师教学模式能激发学生对学习道德与法治的兴趣。

（2）基于共享课堂的小学道德与法治双师教学模式能够提高学生的道德与法治成绩。

（3）基于共享课堂的小学道德与法治双师教学模式能够提高学生的道德与法治认知水平。

4. 研究方法

本研究采用问卷调查的研究方法，分析基于共享课堂的小学道德与法治双师教学模式对激发学生学习兴趣的影响，采用不相等实验组、对照组前后测准实验研究方法分析该模式对小学生道德与法治成绩、道德与法治认知水平的影响，准实验设计如表 1 所示：

表1　不相等实验组、控制组前后测准实验

前测（R1~R2）	被试分组	实验处理	同时后测
R1	实验班六（2）班	接受	R3
R2	对照班六（3）班	不接受	R4

（二）实验过程

1. 前测

2021年7月，两个班学生同时参加学校统一组织的道德与法治期末测试，测试结果作为前测数据，对小学生道德与法治成绩及小学生道德与法治认知水平的结果进行独立样本 t 检验，结果如表2所示：

表2　道德与法治前测结果独立样本 t 检验

		等方差levene检验		等均值 t 检验						
		统计检定值	显著性	t 检验	自由度	显著性（双尾）	均差	标准差	95%置信区间	
									区间下界	区间上界
成绩	同方差假设	23.037	0.000	2.740	85	0.057	3.31871	1.21128	0.91036	5.72706
	异方差假设			2.718	56.644	0.059	3.31871	1.22104	0.87329	5.76413
认知水平	同方差假设	14.754	0.000	2.141	85	0.053	2.15592	1.00696	0.15382	4.15802
	异方差假设			2.127	64.151	0.057	2.15592	1.01342	0.13146	4.18038

对前测结果进行独立样本 t 检验分析发现，实验班与对照班道德与法治成绩及道德与法治学生认知水平的差异显著概率分别为 $p = 0.059 > 0.05$，$p = 0.057 > 0.05$，可以得出结论：两个班学生的道德与法治成绩、道德与法治认知水平均无显著差异。

2. 后测

（1）学生对学习道德与法治的兴趣。

本研究在实验班实施为期一年的基于共享课堂的小学道德与法治双师教学模式后，对学生学习道德与法治的兴趣情况进行了调查，具体情况如表3所示：

表3 学生对道德与法治课堂兴趣的调查

选项	百分比（%）		
	同意	中立	不同意
1. 我希望在道德与法治课堂上使用共享课堂开展双师教学	93.07	6.82	0
2. 使用共享课堂双师教学后，我觉得道德与法治课更有趣	95.34	4.55	0
3. 使用共享课堂双师教学后，我在道德与法治课堂上表现更活跃	93.07	4.55	2.27
4. 我喜欢使用共享课堂开展双师教学	88.53	9.08	2.27

调查统计结果显示，学生对各题项持"同意"态度的人数均大于88%。可见，基于共享课堂的小学道德与法治双师教学模式能有效激发小学生学习道德与法治的兴趣。其中，"我喜欢使用共享课堂开展双师教学"项"同意"率88.53%，可在后续实验中重点关注这方面的引导。

（2）学生的道德与法治成绩。

本研究对学生的道德与法治成绩后测结果进行独立样本 t 检验，具体情况如表4所示：

表4 道德与法治成绩后测结果独立样本 t 检验

		等方差 levene 检验		等均值 t 检验						
		统计检定值	显著性	t 检验	自由度	显著性（双尾）	均差	标准差	95% 置信区间	
									区间下界	区间上界
成绩	同方差假设	1.872	0.175	2.426	85	0.017	2.50264	1.03151	0.45172	4.55357
	异方差假设			2.423	83.558	0.018	2.50264	1.03281	0.44862	4.55666

对学生的道德与法治成绩测试结果进行独立样本 t 检验，分析发现差异显著概率 $p = 0.017 < 0.05$，表明差异显著。由此可见，经过一年的教学实验，基于共享课堂的小学道德与法治双师教学模式能提高小学生的道德与法治成绩。

（3）学生的道德与法治认知水平。

本研究对学生道德与法治认知后测结果进行独立样本 t 检验，具体情况如表5所示：

表 5　学生道德与法治认知后测结果独立样本 t 检验

		等方差 levene 检验		等均值 t 检验						
		统计检定值	显著性	t 检验	自由度	显著性（双尾）	均差	标准差	95% 置信区间	
									区间下界	区间上界
成绩	同方差假设	20.729	0.000	3.847	85	0.000	3.76321	0.97826	1.81817	5.70826
	异方差假设			3.827	69.317	0.000	3.76321	0.98345	1.80145	5.72498

对学生道德与法治认知测试结果进行独立样本 t 检验，分析发现差异显著概率 $p = 0 < 0.01$，差异非常显著。由此可见，经过一年的教学实验，基于共享课堂的小学道德与法治双师教学模式能提升学生的道德与法治认知水平。

（三）实验结果

通过分析实验数据可发现，实验班实施基于共享课堂的小学道德与法治双师教学模式一年后，有效激发了小学生学习道德与法治的兴趣，提高了其道德与法治成绩和道德与法治认知水平，验证了三个实验假设。

五、结论

基于共享课堂的小学道德与法治双师教学模式研究以道德与法治课程标准理念和实践共同体理念为理论基础，借助共享课堂的优质资源进行了双师教学模式实践研究，由于该模式仍处于探索阶段，在教学资源的优化和教学设计上仍有不足，在以后的研究中将从以下几个方面进行改进：①根据学生实际水平选择不同难度的共享课堂资源，并关注学生知识学习和学科素养的综合发展；②强调教师信息技术和道德与法治学科融合意识、全面的育人理念和教学设计创新能力；③充分准备相关教学资源并建立教学研究的规则与制度，为道德与法治双师教学模式的研究提供有力保障。

实践证明，基于共享课堂的小学道德与法治双师教学模式不仅促进了小学道德与法治教学样态的变革，而且能激发小学生学习道德与法治的兴趣，提高小学生道德与法治成绩及道德与法治认知水平，也为后续进一步实施双师教学提供可借鉴的参考案例与实践依据。

参考文献：

[1] 谢文旭. 新时代背景下道德与法治课程教学现状与对策 [J]. 西部素质教育，2019，5（4）：35 – 36.

[2] 中华人民共和国教育部，义务教育道德与法治课程标准 [S]. 北京：北京师范大学出版社，2022.

[3] 周楠. 实践共同体理论的三要素对课堂建设的理论意义 [J]. 现代教育技术，2011，21（2）：86 – 89.

附 录

附录一：沙墟一小学智慧教育示范辐射

在建设"智慧番禺"的大背景下，沙墟一小学有效实施素质教育和创新人才培养战略，追求教育高位均衡和内涵发展，无论是教师个人微能力点应用，还是科组共同体培训提升，抑或是学校以多技术融合的"三导三学"精准教学模式为抓手的整校推进工作的思考与实践成果等，从校际到省内均取得了良好的辐射效应。其间，《中国教育报》、中国教育新闻网、《广州日报》、搜狐网、《现代中小学生报》、广州番禺教育、新花城网等媒体对沙墟一小学承办的番禺区提升工程2.0展示研讨活动进行了报道。

附录二：沙墟一小学 2015—2024 年教育信息化成果一览表

表 1　沙墟一小学 2015—2024 年教育信息化集体荣誉

序号	时间	级别	项目	授予单位
1	2023	部级	"数智"劳动教育研究共同体成员学校	教育部教育信息化教学应用实践共同体项目组
2	2022	部级	智能体育学生数据分析与教学应用实践共同体成员学校	教育部教育信息化教学应用实践共同体项目组
3	2022	部级	教育部教师智能教育素养研究虚拟教研室成员单位	教育部教师智能教育素养研究虚拟教研室 华南师范大学教育人工智能研究院
4	2017	部级	教育部人文社科项目"网络空间提升学习自我效能感的研究"实验学校	教育部人文社科项目"网络空间提升学习自我效能感的研究"总课题组 华南师范大学教育技术研究所（代章）
5	2024	省级	第二届（2023—2024 学年）广东省青少年科技创客大赛优秀组织单位	广东省教育厅 广东省青少年社会教育单位
6	2023	省级	广东省 2022 年教育信息化教学应用实践共同体项目立项	广东省教育信息化教学应用实践共同体项目组

（续上表）

序号	时间	级别	项目	授予单位
7	2023	省级	多元混合式研训提升乡村教师智能教育素养共同体领航学校	广东省教育信息化教学应用实践共同体项目组
8	2020	省级	在2020年广东省"强师工程"省级试点校管理团队信息化领导力提升专项研修班省级培训中表现优异，荣获优秀学习小组称号	广东第二师范学院网络教育学院 广东省中小学教师信息技术应用能力提升工程办公室
9	2020	省级	广东省中小学教师信息技术应用能力提升工程2.0省级试点校入选名单	广东省教育厅
10	2022	省级	在2021年广东省中小学教师信息技术应用能力提升工程2.0整校推进典型案例评比中荣获一等奖	广东省中小学教师信息技术应用能力提升工程办公室
11	2021	省级	广东省中小学教师信息技术应用能力提升工程2.0省级试点校绩效考核（优秀）	广东省教育厅
12	2023	市级	广州市教育局公示国家智能社会治理实验基地（教育）支撑校	广州市教育局
13	2023	市级	2023年广州市人工智能助推教师队伍建设行动试点项目优秀案例遴选	广州市远程教师发展中心
14	2023	市级	广州市第二届智慧教育成果展优秀组织单位	广州市教育局
15	2022	市级	广州市中小学（中等院校）智慧校园	广州市教育局
16	2022	市级	广州市智慧阅读学校	广州市教育局

（续上表）

序号	时间	级别	项目	授予单位
17	2022	市级	《"多元混合式"教师智能素养助推湾区村小高质量发展》入选首批广州市实施教育部人工智能助推教师队伍建设行动试点典型案例一等奖	广州市教育局
18	2022	市级	广州市中小学教师信息技术应用能力提升工程2.0试点校绩效考核优秀学校	广州市教育局
19	2022	市级	广州市人工智能助推教师队伍建设实验校	广州市教育局
20	2022	市级	广州市智慧校园实验校考核优秀	广州市教育局
21	2021	市级	《乡村教师智能教育素养的多元混合式整校提升的校本实践研究》获广州市基础教育、职业教育教学成果培育项目库入库	广州市教育局
22	2019	市级	广州市第二批中小学智慧校园实验校	广州市教育局
23	2022	市级	《提升乡村教师智能教育素养的多元混合式整校提升的校本实践研究》入选2022年广州市基础教育、职业教育教学成果	广州市教育局
24	2022	区级	第一届广州市青少年科技创客大赛优秀组织单位	广州市番禺区教育局
25	2021	市级	国家优秀教学成果推广应用示范区参与校	广州市教育局
26	2020	区级	广州市番禺区教育局"轻智慧课堂"项目第三批试点学校	广州市番禺区教育局

（续上表）

序号	时间	级别	项目	授予单位
27	2019	区级	《以电子书包实验提升农村小学内涵发展的实践研究》获番禺区教学研究重点成果立项	广州市番禺区教育局
28	2018	区级	在2018年番禺区"一师一优课、一课一名师"活动中荣获广州市番禺区优秀组织奖	广州市番禺区教育局
29	2018	区级	荣获2018年番禺区中小学电脑制作活动优秀组织奖	广州市番禺区教育局
30	2018	区级	在教育部2016—2017年度"一师一优课、一课一名师"活动中获广州市番禺区优秀组织奖	广州市番禺区教育局

表2　2015—2024年沙墟一小学智慧教育课题汇总

课题编号	级别	立项单位	课题负责人	课题名称	学科类别	备注
GDJYZY0256	省级	广东省教育技术中心	潘文清	基于移动互联的儿童文学阅读分享方式及阅读效果评测研究	阅读专项	良好等级结题
TSGCKT202013	省级	广东省中小学教师信息技术应用能力提升工程办公室	潘文清	基于轻智慧课堂教学实验提升农村小学教师信息技术应用能力的实践研究	教师发展专项课题	优秀等级结题
TSGCKT202012	省级	广东省中小学教师信息技术应用能力提升工程办公室	刘涛	班级优化大师在小学班级管理中的有效应用研究	学生评价	在研课题

（续上表）

课题编号	级别	立项单位	课题负责人	课题名称	学科类别	备注
BQW2021XZZ003	省级	广东省中小学"百千万人才培养工程"项目执行办公室	潘文清	基于"双减"背景下"三导三学"精准教学模式校本行动研究	教学研究	合格等级结题
2025YQJK0033	省级	广东省教育科学规划领导小组办公室	潘文清	数智时代下新技术支持的"悦品·红棉"学生德育评价研究	德育	在研
GDSGGT2022015	省级	广东省教育厅	潘文清	多元混合式研训提升乡村教师智能教育素养	综合	良好等级结项
2024110667	市级	广州市教育局	杨晓娜	基于智慧答题卡的小学数学精准教学策略研究	数学	在研
ZCYJ20093	市级	广州市教育研究院	潘文清	基于智慧校园的信息技术与教育教学融合策略的案例研究（重点课题）	教育研究	良好等级结题
365	市级	广州市教育局	潘文清	乡村教师智能教育素养的多元混合式整校提升的校本实践研究	教师发展	良好等级结题
2015wk19	区级	广州市番禺区教育局	潘文清	基于研学后教的小学语文阅读指导微课资源的开发与利用行动研究	小学语文	优秀等级结题
2016－XK130	区级	广州市番禺区教育科学研究所	郭锦辉	高效课堂：互联网背景下农村小学课堂新形态研究	教学研究	优秀等级结题
2018－ZX320	区级	广州市番禺区教育科学研究所	潘文清	基于语文核心素养的小学习作教学微课资源的开发	小学语文	优秀等级结题

（续上表）

课题编号	级别	立项单位	课题负责人	课题名称	学科类别	备注
2018 – ZX097	区级	广州市番禺区教育科学研究所	陈厚容	电子书包与英语习作教学深度融合的研究	小学英语	优秀等级结题
JT – 2018 – ZX290	区级	广州市番禺区教育科学研究所	张志刚	基于研学后教理念下的运用思维导图提高小学数学复习课实效性的研究	小学数学	良好等级结题
2022 – PYKY202	区级	广州市番禺区教育局	潘文清	新课程标准下道德与法治项目式学习校本行动研究	小学道德与法治	优秀等级结题
ZX2020 – 085	区级	广州市番禺区教育科学研究所	陈桂红	基于小学生劳动素养的岭南中草药特色课程开发与实施的实践研究	劳动教育	良好等级结题
ZX2020 – 130	区级	广州市番禺区教育科学研究所	陈凤玲	基于思想教育的小学语文生态文明教育四维路径的案例研究	小学语义	优秀等级结题
2021 – PY127	区级	广州市番禺区教育科学研究所	陈凤玲	基于语文学科素养的多技术融合下小学语文融乐课堂实践研究	小学语文	良好等级结题
2022 – PYKY202	区级	广州市番禺区教育局	潘文清	新课程标准下道德与法治项目式学习校本行动研究	小学道德与法治	优秀等级结题
2022 – PYKY123	区级	广州市番禺区教育科学研究所	陈凤玲	基于"双减"背景下多技术融合的小学语文融乐课堂实践研究	小学语文	优秀等级结题

（续上表）

课题编号	级别	立项单位	课题负责人	课题名称	学科类别	备注
PY2024－JC094	区级	广州市番禺区教师发展中心	张诗诗	核心素养下柯达伊教学法在小学音乐班级合唱教学课堂中的实践研究	音乐	在研
PYDYZ2024068	区级	广州市番禺区教育局	冯添好	数智时代下新技术支持的"悦品·红棉"学生德育素养评价研究	德育	在研

表3　2015—2018年沙墟一小学教师课例获部级优课一览表

课例名称	执教者	学科	主办单位	获奖时间
牛车	邓艳红	音乐	中国教育技术协会	2015年11月
It looks fun	王君	英语	中国教育技术协会	2015年11月
Module 3 Famous people—Unit 5 Dr Sun Yatsen—Language focus	陈厚容	英语	中央电化教育馆	2017年1月
第二单元学习的好朋友——6. 自己做镇纸	丘艳霞	美术	中央电化教育馆	2017年1月
第五组——口语交际五·习作五——习作	潘文清	语文	中央电化教育馆	2017年12月
第二单元童心·童眼·童趣—— 3. 童眼看世界	丘艳霞	美术	中央电化教育馆	2017年12月
第8课名曲回放——管弦乐组曲《动物狂欢节》——欣赏《终曲》	邓艳红	音乐	中央电化教育馆	2017年12月
Module 5 Travel abroad—Unit 9 Where will you go? —Language focus	王君	英语	中央电化教育馆	2018年12月

附录三：沙墟一小学示范辐射情况一览表

表1　2015—2024年潘文清校长在番禺区域内外做示范引领情况一览表

主要内容	组织单位	级别	时间
《以智能教育激活教育智慧》通过线上线下的方式面向全国中小学教育管理者分享	全国智慧教学大讲堂管委会	部级	2024年3月
在2024年广东省中小学"百千万人才培养工程"省级培养学员走进乡村教育活动（第二批）中，在梅江区人民小学作《三新背景下如何上好道德与法治课》专题讲座	广东省中小学"百千万人才培养工程"项目执行办公室	省级	2024年10月
在2024年广东省中小学"百千万人才培养工程"省级培养学员走进乡村教育活动（第二批）中，在梅江区人民小学上示范课《网络新世界》（道法）（线上线下）	广东省中小学"百千万人才培养工程"项目执行办公室	省级	2024年10月
在2024年粤港澳大湾区教育数字化发展研究中心年会作《城中村中小学教师专业发展的困境与对策：数字赋能下的多元智能策略研究》报告	广东第二师范学院	省级	2024年12月
广东省2022教学信息化共同体中期优秀成果分享：《数智赋能教师队伍高质量　共绘乡村教育同心圆》	广东省教育厅事务中心	省级	2024年11月
在2024年广东省中小学"百千万人才培养工程"省级培养学员走进乡村教育活动（第一批）中，上示范课统编版小学《道德与法治》《生活离不开规则》（第一课时）（线上线下）	广东省中小学"百千万人才培养工程"项目执行办公室	省级	2024年5月

（续上表）

主要内容	组织单位	级别	时间
在广东省中小学"百千万人才培养工程"省级培养学员走进乡村教育活动（第一批）中，在和平县福和小学上示范课《爱心的传递者》（线上线下）	广东省中小学"百千万人才培养工程"项目执行办公室	省级	2024年5月
在广东省中小学"百千万人才培养工程"省级培养学员走进乡村教育活动（第一批）中，作《大单元视角下道德与法治教学设计与实施》专题讲座（线上线下）	广东省中小学"百千万人才培养工程"项目执行办公室	省级	2024年5月
在2023年广东省中小学"百千万人才培养工程"省级培养学员走进乡村教育活动（第二批）中，上示范课《我学习，我快乐——战胜困难更快乐》（统编版小学《道德与法治》三年级上册），作《新课程标准背景下如何上好小学道德与法治课》专题讲座	广东省中小学"百千万人才培养工程"项目执行办公室	省级	2023年11月
在广东省中小学"百千万人才培养工程"智能教育名校长培养项目赴新疆喀什开展"粤疆偕行 '双师课堂'助力高质量发展"教育帮扶服务活动中，作《双减背景下"三导三学"精准教学模式校本行动研究》专题讲座	广东省中小学"百千万人才培养工程"项目执行办公室	省级	2023年10月
在广东省中小学"百千万人才培养工程"智能教育名校长培养项目赴新疆喀什开展"粤疆偕行 '双师课堂'助力高质量发展"教育帮扶服务活动中，作为入校指导专家在疏附县萨依巴格乡中心小学入校指导，并进行课堂诊断和混合式教研活动	广东省中小学"百千万人才培养工程"项目执行办公室	省级	2023年10月
在广东省中小学"百千万人才培养工程"智能教育名校长培养项目赴新疆喀什开展"粤疆偕行 '双师课堂'助力高质量发展"教育帮扶服务活动中，为学员作《智慧课堂下小学道德与法治教学资源的开发与应用策略研究》专题讲座	广东省中小学"百千万人才培养工程"项目执行办公室	省级	2023年10月

（续上表）

主要内容	组织单位	级别	时间
在广东省中小学"百千万人才培养工程"智能教育名校长培养项目赴新疆喀什开展"粤疆偕行　'双师课堂'助力高质量发展"教育帮扶服务活动中，为学员作《基于共享课堂的小学道德与法治双师教学模式研究》专题讲座	广东省中小学"百千万人才培养工程"项目执行办公室	省级	2023 年 10 月
在广东省中小学"百千万人才培养工程"智能教育名校长培养项目赴新疆喀什开展"粤疆偕行　'双师课堂'助力高质量发展"教育帮扶服务活动中，为学员作《五化融合，全面育人》专题讲座	广东省中小学"百千万人才培养工程"项目执行办公室	省级	2023 年 10 月
在广东省中小学"百千万人才培养工程"智能教育名校长培养项目赴西藏林芝开展"粤疆偕行　'双师课堂'助力高质量发展"教育帮扶服务活动中，入校指导道德与法治双师课堂教学《我学习，我快乐——战胜困难更快乐》	广东省中小学"百千万人才培养工程"项目执行办公室	省级	2023 年 9 月
在广东省中小学"百千万人才培养工程"智能教育名校长培养项目赴西藏林芝开展"粤疆偕行　'双师课堂'助力高质量发展"教育帮扶服务活动中，作为入校指导专家在林芝市巴宜区八一镇团结小学入校指导并分享办学经验	广东省中小学"百千万人才培养工程"项目执行办公室	省级	2023 年 9 月
在 2023 年广东省中小学"百千万人才培养工程"省级培养学员走进乡村教育活动第一批（丰顺县专场）中，作《五化融合：大思政助力五育并举走实走深》专题讲座	广东省中小学"百千万人才培养工程"项目执行办公室	省级	2023 年 4 月
在广东省粤东西北全员轮训项目阳江市江城区中小学教师信息技术应用能力提升工程 2.0 学校管理团队信息化领导力培训之"成果培育与提炼"模块中作《基于双减背景下"三导三学"精准教学模式校本行动研究》成果分享	广东省中小学"百千万人才培养工程"项目执行办公室	省级	2022 年 12 月

（续上表）

主要内容	组织单位	级别	时间
在 2022 年广东省"百千万人才培养工程"省级学员走进乡村教育暨"云送教"活动（第二批）中，作《智慧课堂下小学道德与法治教学资源的开发与应用策略研究》专题讲座	广东省中小学"百千万人才培养工程"项目执行办公室	省级	2022 年 11 月
2022 年 11 月 28 日—11 月 30 日参加广东省教育厅主办、广东省外语艺术职业学院承办的 2022 年"百千万人才培养工程"省级培养学员走进乡村教育活动暨"云送教"活动，在阳江市江城区进行示范带学	广东省中小学"百千万人才培养工程"项目执行办公室	省级	2022 年 11 月
在"广东省粤东西北地区教师全员轮训省级培训项目——汕头市潮南区'三名工程'区县级名校长高级研修专项培训班"中，作为指导专家作《问题诊断实地调研》专题讲座	广东第二师范学院	省级	2022 年 8 月
2022 年 5 月 16 日—5 月 22 日参加广东省教育厅主办、肇庆学院承办的 2022 年"百千万人才培养工程"省级培养学员走进乡村教育活动暨"云送教"活动，在肇庆市封开县进行示范带学	广东省中小学"百千万人才培养工程"项目执行办公室	省级	2022 年 6 月
在 2022 年广东省中小学"百千万人才培养工程"省级培养学员走进乡村教育活动暨"云送教"活动中进行示范带学专题讲座	广东省中小学"百千万人才培养工程"项目执行办公室	省级	2022 年 5 月
2021 年 11 月 23 日—11 月 26 日参加广东省教育厅主办、韩山师范学院承办的 2021 年广东省中小学"百千万人才培养工程"省级培养学员走进乡村教育活动（第二批），在揭阳市揭西县进行示范带学	广东省中小学"百千万人才培养工程"项目执行办公室	省级	2021 年 12 月
在 2017 年 11 月 10 日学校承办广东省教育厅主办的互联网＋优课展示活动中，作中心发言《活用电子书包，探索教学新生态》	广东省教育厅	省级	2017 年 12 月

（续上表）

主要内容	组织单位	级别	时间
2016 年广州市卓越中小学校长促进工程培训期间，在广东第二师范学院作《家校共育——打开教育的另一扇窗》的专题发言	广东第二师范学院	省级	2016 年 12 月
在广州市实施教育部第二批人工智能助推教师队伍建设行动试点成果展示系列活动第 3 场中，作主题发言《城中村小学的蝶变：多元智领助推教师专业发展》	广州市教育局	市级	2024 年 12 月
在广州市实施教育部人工智能助推教师队伍建设行动试点工作中期推进会暨首届"Ai 师训"论坛作优秀案例分享《城中村小学教师专业发展的困境与对策：多元智领策略研究》	广州市教育局	市级	2023 年 6 月
在第二届智慧教育成果展中通过线上线下混合方式，面向全市教师进行《村小教育高质量发展：沙 e 教育从 1.0 到 2.0》主旨演讲	广州市教育局	市级	2023 年 5 月
在第二届智慧教育成果展中通过线上线下混合方式，面向全市教师分享《基于共享课堂的小学道德与法治双师教学模式研究》	广州市教育局	市级	2023 年 5 月
2019 年 9 月 26 日在广州市基础教育系统新一轮"百千万人才培养工程"项目组跟岗活动中，在广州市天河区体育东路小学上了一节四年级的课外阅读方法指导课——《走进童话世界》	广州市天河区体育东路小学 广东第二师范学院	市级	2019 年 9 月
2019 年 6 月 5 日在广州市基础教育系统新一轮"百千万人才培养工程"项目组赴云浮市新兴洞口小学示范带学活动中开展《课外阅读指导：父与子（漫画）》示范课	云浮市新兴县教育局 广东第二师范学院	市级	2019 年 6 月
2018 年 5 月在广州市基础教育系统新一轮"百千万人才培养工程"第三批小学名教师培养项目赴浙培训活动中，成功开设题为《向你推荐一本书》的展示课	浙江师范大学杭州继续教育中心	市级	2018 年 5 月

209

（续上表）

主要内容	组织单位	级别	时间
2018 年 11 月 23 日在广州市基础教育系统新一轮"百千万人才培养工程"项目组赴惠州市惠城区富民小学示范带学活动中作《基于核心素养的小学语文电子书包三导三学模式的构建与实践》专题讲座	惠州市惠城区教育局 广东第二师范学院	市级	2018 年 11 月
2017 年 12 月 3 日受全国继续教育网邀请，为乐昌市 2017 年中小学骨干教师教育教学能力提升培训班作《新技术与教学深度融合的思考与实践》专题讲座	全国继续教育网	市级	2017 年 2 月
在 2024 年智能学伴及精准教学平台试点工作阶段成果展示活动中作《城中村小学高质量发展的实践：多元智领助推教师专业发展》主题讲座	番禺区教师发展中心（番禺区教师进修学校）	区级	2024 年 12 月
2024 年 10 月至 11 月担任 2024 年番禺区第六批骨干教师培养对象小学 4 班第 7 组跟岗实践导师，指导学员 5 名，承担示范课 1 节，作专题讲座 1 个，指导学员开展科研和读书活动 4 次，指导学员开展研讨课和组织课后评课各 1 节	番禺区教师发展中心（番禺区教师进修学校）	区级	2024 年 11 月
在基于国家中小学智慧教育平台的"双师"教学展示交流活动中作案例分享《基于国家中小学智慧教育平台的"五环相融，四维提升"校本推广应用模式》	番禺区教师发展中心（番禺区教师进修学校）	区级	2024 年 11 月
在 2024 年番禺区中小学"书记讲党课，校长爱国说"活动中，讲授《百年强国梦 逐梦少年时》思政微课	番禺区教育局	区级	2024 年 10 月
在番禺区数智帮扶第二期上示范课《生活离不开规则》	番禺区教师发展中心（番禺区教师进修学校）	区级	2024 年 5 月

（续上表）

主要内容	组织单位	级别	时间
在番禺区数智帮扶第二期作《数智赋能教师队伍高质量　共绘乡村教育振兴同心圆——"多元混合式研训提升乡村教师智能教育素养"》专题讲座	番禺区教育局	区级	2024 年 5 月
在番禺区思政课程与课程思政专题教研中作专题讲座《1＋3＋N 打造大思政教育新格局》	番禺区教师发展中心（番禺区教师进修学校）	区级	2024 年 5 月
在 AI 智能语音分析应用暨广州市中小学教师信息技术应用能力教学创新大赛（AI 专题）动员及培训项目推进会议中作专题讲座《城中村小学教师专业发展的困境与对策：多元智领策略研究》	番禺区教师发展中心（番禺区教师进修学校）	区级	2024 年 1 月
在番禺区思政课程与课程思政专项教研活动中作专题讲座《智慧课堂下小学道德与法治教学资源的开发与应用策略研究》	番禺区教师发展中心（番禺区教师进修学校）	区级	2023 年 11 月
在番禺区小学道德与法治云端教研活动"每周一讲"中作专题讲座《线上线下课堂，让党的二十大精神入脑入心》	番禺区教师发展中心（番禺区教师进修学校）	区级	2023 年 6 月
在番禺区第三期融·乐智慧课堂展示交流活动中，作《智能教育，助推学校内涵高质量发展——沙墟一小学智能教育的思考与实践》主题发言	番禺区教师发展中心（番禺区教师进修学校）	区级	2021 年 12 月
在广东省中小学教师信息技术应用能力提升工程 2.0 试点校展示交流活动课例（讲座）的教研中，作《整校推进融合创新　精准教学——多技术融合的三导三学精准教学的思考与实践》讲座	番禺区教师发展中心（番禺区教师进修学校）	区级	2021 年 4 月

（续上表）

主要内容	组织单位	级别	时间
在番禺区教育信息中心协办、番禺区市桥沙墟一小学承办的"智慧校园建设暨基于三维导学案的数字教材创新教学应用模式交流研讨会活动"中作《做有智慧的教育——互联网＋时代智慧校园的建设与思考》主题发言	广州市番禺区教师发展中心（番禺区教师进修学校）	区级	2020 年 7 月
在番禺区轻智慧课堂交流研讨活动中作《翻转课堂助力研学后教升级版》经验交流	广州市番禺区教育局教学研究室	区级	2018 年 12 月
在接待浙江省教育学院附属学校智慧教育考察团及全区电子书包应用教研活动中作中心发言《智慧应用信息技术，活化校园和课堂教学》	广州市番禺区教育局教学研究室	区级	2017 年 11 月
在番禺区组织的小学语文学科教研活动中，作《基于移动互联的儿童文学阅读分享方式及阅读效果评测》专题讲座	广州市番禺区教育局教学研究室	区级	2017 年 4 月
2017 年 1 月在全区的小学语文学科教研活动中，作《基于电子书包环境下习作教学"三导三学"模式研究》专题讲座	广州市番禺区教育局教学研究室	区级	2017 年 1 月
2016 年 12 月 2 日在全区电子书包应用教研活动中作《在电子书包实验中突围与创生》中心发言	广州市番禺区教育局教学研究室	区级	2016 年 12 月
在全区电子书包应用教研活动中，作《沙墟小学智慧教育的思考、实践与展望》中心发言	广州市番禺区教育局教学研究室	区级	2016 年 11 月
在全区信息技术学科教研活动中作《立足电子书包，谱写智慧教育新华章》中心发言	广州市番禺区教育局教学研究室	区级	2016 年 4 月
在全区电子书包应用教研活动中作《电子书包，奏响快乐智慧教育新乐章》中心发言	广州市番禺区教育局教学研究室	区级	2016 年 3 月
在番禺区教研活动中作《沙一 e 课堂，让学习快乐起来——番禺市桥沙墟一小学电子书包实验的思考与实践》专题发言	广州市番禺区教育局教学研究室	区级	2015 年 5 月

表2　广州市番禺区市桥沙墟一小学与贵州省毕节市
教育结对帮扶情况一览表

时间	地点	主题	内容	形式	参与人员
2019 年 11 月 15 日	毕节市赫章县野马川镇大田小学	市桥沙墟一小学与大田小学结对帮扶活动	向野马川镇大田小学捐赠书籍	捐赠书籍	全体师生
2019 年 11 月 21 日	市桥沙墟一小学	交流促提升，结对共成长——市桥沙墟一小学、毕节市威宁县麻乍镇麻乍小学、金斗镇金斗小学结对交流活动	现场观看"2019 年沙墟一小学消防应急疏散演练"活动；参观校容校貌；会议室交流座谈会暨结对仪式	到沙墟一小学参观交流、举行结对仪式	沙墟一小学潘文清校长及行政班子，麻乍小学、金斗小学校长及行政领导
2020 年 9 月 22 日	贵州省毕节市威宁县么站镇么站小学	赴毕节市威宁县么站镇么站小学开展交流活动	参观校园、办学交流、课例展示及优秀科组建设介绍，赠送书籍、体育用品等	有效课堂构建、学校特色建设及管理经验介绍	番禺区市桥沙墟一小学潘文清校长及么站小学全体教师
2020 年 9 月 22 日	毕节市威宁县金斗镇金斗小学	赴毕节市威宁县金斗镇金斗小学开展交流活动	参观校园、办学交流、课例展示及优秀科组建设介绍，赠送书籍、体育用品等	有效课堂构建、学校特色建设及管理经验介绍	番禺区市桥沙墟一小学潘文清校长及金斗小学全体教师
2020 年 9 月 23 日	毕节市威宁县麻乍镇麻乍小学	赴毕节市威宁县麻乍镇麻乍小学开展交流活动	参观校园、办学交流、课例展示及优秀科组建设介绍，赠送书籍、体育用品等学校锦旗	有效课堂构建、学校特色建设及管理经验介绍	番禺区市桥沙墟一小学潘文清校长及麻乍小学全体教师

（续上表）

时间	地点	主题	内容	形式	参与人员
2020 年 10 月 14 日	番禺区市桥沙墟一小学	番禺区市桥沙墟一小学与贵州省威宁县么站小学、金斗小学交流活动	1. 骨干教师参访 2. 参观校园 3. 学校教育管理交流会 4. 观看沙墟一小学班际足球赛 5. 交流小结	学校参观交流	市桥沙墟一小学学校领导、中层干部和相关学科教师，么站小学、金斗小学 2020 年番禺跟班学习的骨干老师
2021 年 4 月 30 日	番禺区市桥沙墟一小学与赫章县野马川镇大田小学、威宁县金斗镇金斗小学、威宁县么站镇么站小学	广东省教师信息技术应用能力提升工程 2.0 试点推进会暨沙墟一小学多技术融合的"三导三学"精准教学模式课例线上研讨活动	"整校推进、融合创新、精准教学"——多技术融合的"三导三学"精准教学模式课例线上研讨	线上课例研讨	市桥沙墟一小学学校领导、中层干部和相关学科教师，大田小学、金斗小学、么站小学老师
2021 年 10 月 20 日	广州市番禺区市桥沙墟一小学	番禺区市桥沙墟一小学与金沙县柳塘镇中心完全小学进行结对帮扶结对帮扶交流学习活动	参观校园，介绍学校办学情况；座谈会，交流彼此办学经验；结对仪式，签订结对证书；英语科组集体备课活动"研学问题及分层作业专题"	学校参观交流	潘文清校长、黄洪带副校长、学校中层干部、英语科组，金沙县柳塘镇中心完全小学张尧，金沙县茶园中学王潇迅，赫章县野马川镇大田小学陈永朝

（续上表）

时间	地点	主题	内容	形式	参与人员
2021 年 12 月 10 日	番禺区市桥沙墟一小学、赫章县野马川镇大田小学、贵州省金沙县柳塘镇中心小学	"落实双减，技术赋能，深度研学"——多技术融合的"三导三学"精准教学模式之问题化教学、练习分层设计课例交流展示活动	课例展示、专题讲座	线上教研	番禺区市桥沙墟一小学、赫章县野马川镇大田小学、金沙县柳塘镇中心小学领导及相关老师
2021 年 12 月 30 日	番禺区市桥沙墟一小学与贵州省金沙县柳塘镇中心小学、毕节市赫章县野马川镇大田小学	开展"落实双减，技术赋能，深度研学"省级智慧教学专题研讨活动	课例展示、专题讲座	线上教研	番禺区市桥沙墟一小学与贵州省金沙县柳塘镇中心小学、毕节市赫章县野马川镇大田小学领导及相关老师
2022 年 4 月 30 日	番禺区市桥沙墟一小学与贵州省金沙县柳塘镇中心小学、毕节市赫章县野马川镇大田小学	开展"整校推进、融合创新、精准教学"教学研讨活动（省级）	课例展示、专题讲座	线上教研	番禺区市桥沙墟一小学与贵州省金沙县柳塘镇中心小学、毕节市赫章县野马川镇大田小学领导及相关老师

（续上表）

时间	地点	主题	内容	形式	参与人员
2022年6月17日	市桥东城小学、市桥沙墟一小学、市桥螺山小学	融乐课堂显高效教研共进展风采——市桥东城小学、沙墟一小学、螺山小学三校协同发展教研活动及贵州兄弟学校线上教研活动	"融·乐"课堂教学模式的课例展示	线上教研	市桥东城小学、沙墟一小学、螺山小学领导和老师；结对帮扶学校贵州毕节市赫章县汉阳街道卸旗小学、贵州省金沙县柳塘镇中心完全小学、贵州省赫章县野马川镇大田小学
2022年7月7日	番禺区市桥沙墟一小学、东城小学、横江小学，贵州省野马小学、麻乍小学、金斗小学、幺站小学	智慧教学提质量，云端教研共发展——番禺区市桥沙墟一小学、东城小学、横江小学、贵州省野马小学、麻乍小学、金斗小学、幺站小学七校协同发展线上教研活动	语文科组线上教研活动	线上教研	番禺区市桥沙墟一小学、东城小学、横江小学，贵州省野马小学、麻乍小学、金斗小学、幺站小学各校领导老师

（续上表）

时间	地点	主题	内容	形式	参与人员
2022 年 11 月 18 日	番禺区市桥沙墟一小学与贵州省金沙县柳塘镇中心小学、毕节市赫章县野马川镇大田小学	牵手智慧教育共研课堂教学——广州市番禺区市桥沙墟一小学与贵州省金沙县柳塘镇中心完全小学、毕节市赫章县野马川镇大田小学交流活动	1. 优秀课例介绍省一等奖 2. 课例观摩 3. 评课交流 4. 交流小结	线上分享研讨	市桥沙墟一小学学校教师，金沙县柳塘镇中心完全小学、毕节市赫章县野马川镇大田小学教师

后　记

　　《中国教育现代化 2035》提出，要以教育信息化带动教育现代化。习近平总书记曾强调，教育数字化是我国开辟教育发展新赛道和塑造教育发展新优势的重要突破口。作为粤港澳大湾区一所城乡接合部小学，十年来，广州市番禺区市桥沙墟一小学聚焦问题、立足课堂、创新教育教学模式，通过技术赋能五育融合全面育人，促进学校优质均衡、内涵高质量发展。

　　《做有智慧的教育——一所乡村小学智慧教育的思与行》一书即将付梓，它用文字记录了近十年来沙墟一小学走过攻坚克难的瓶颈期，进入全面提升软实力，精细化、特色化发展的超越期，走出了一条文化引领、内涵发展、特色彰显、品牌锻造的学校内涵高质量发展之路。

　　透过本书可以看到沙墟一小学全体教职工努力践行"让喜悦在教育中发生"的办学理念，紧紧围绕"办一所人情暖暖、幸福满满、师生都笑眯眯的学校"的办学目标，以智慧教学研究培养智慧之师，创建智慧校园，实现学校突围与创生；以多元的课程、丰富的活动践行五育融合，培养全面＋特长的向上、向善的喜悦学子，将学校建成师生共同的"精神家园"的奋斗历程。

　　本书能够顺利出版，感谢广东省教育厅事务中心（原广东省电化教育馆）、广州市电化教育馆、广州市番禺区教育局、广州市番禺区教师进修学校（广州市番禺区教师发展中心）、市桥城区教育指导中心等上级教育主管部门领导，华南师范大学教育技术学院、华南师范大学教育人工智能研究院、广州开放大学教师教育学院等专家团队，特别是广东第二师范学院网络教育学院、广东省"百千万人才培养工程"智能教育名校长项目组贾汇亮教授和钟丽霞、陈利金、莫嘉玲等老师，以及我的导师广东省电化教育馆原副馆长许力、华南师范大学教育人工智能研究院教授胡小勇等对"智能教育"研究的专业指导，感谢学校教师团队的踔厉奋发、齐心协力，以及持之以恒的坚守，感谢广大家长对学校智能教育研究的支持配合、精诚合作。同时，特别感谢我的家人对我工作的理解，感谢沙墟一小学原校长郭锦辉同志对前期智慧教学研究的支持，感谢黄洪带副校长以及沙墟一小学信息化管理团队邓艳红、

麦波、冯添好、冯淑娴、刘涛、王婉潼、朱世良等老师在每一次对外的智慧教育现场交流展示活动中的通力配合，邓艳红、卢焕弟、丘艳霞、王君、欧少荣、叶婉均、温可佳等老师为本书提供的典型案例，让智慧教育成果实现了全学科覆盖，并为广大教育同仁提供了可资借鉴的参考资料。这些成果是沙墟一小学的老师们在与学生共同实践中的体会和领悟，是老师们在智慧教育研究中精益求精的成果结晶，既有实效性，又有说服力。

除上文中提及的教师外，还有很多专家学者为本书的出版提出了宝贵的意见或建议，他们长期致力于智慧教育相关研究与实践，为智慧教育孜孜努力，在此，一并表示诚挚感谢。

本书的出版是智慧教育理念实施的一个里程碑，它将继续鞭策我们对其进行不断思考与实践。本着抛砖引玉之想法，希望得到众多教育学者、专家拨冗指导。愿与广大教育同仁一起携手，为办面向未来的教育，培养适应未来发展的建设者与接班人不懈奋斗！

著　者

2024 年 8 月